So werden
Pferd und Reiter
Geländesicher

So werden Pferd und Reiter Geländesicher

Birgit van Damsen

Copyright © 1998 by Cadmos Verlag, Lüneburg

Gestaltung: Ravenstein Brain Pool, Völkersen
Titelfoto und Innenfotos: Birgit van Damsen
Druck: Westermann Druck Zwickau

ISBN 3-86127-506-6

INHALT

ZU DIESEM BUCH:

EINFACH MIT DEM PFERD INS GRÜNE REITEN?

Wenn die Sonne lacht und kein Wölkchen am Himmel zu sehen ist, treibt es auch so manchen eingefleischten Hallenreiter hinaus in die Natur. Doch für nicht wenige dieser „Sonntagsreiter" im Gelände endet ein solcher unvorbereiteter Ausritt, der eigentlich Spaß machen sollte und zur Erholung

gedacht war, in einem Fiasko: Das Pferd spielt verrückt und der Reiter zerrt voller Angst vor einem Sturz am Zügel. Wer seine reiterlichen Fähigkeiten jedoch überschätzt und sein Pferd überfordert, weil er ja „nur" ins Gelände reiten will, muß sich nicht wundern, wenn er anstatt eines gemütlichen Rittes eine Art Horrortrip erlebt, der dann oft auch gefährliche Situationen heraufbeschwört.

Wie jede andere Reitdisziplin verlangt auch das Geländereiten eine spezielle Ausbildung und regelmäßiges Training von Roß und Reiter. Ein Pferd, das sich beim Ausreiten sicher bewegen soll, muß zum Beispiel lernen, natürliche Geländehindernisse wie Gräben, Baumstämme oder Abhänge souverän zu überwinden, und darf auch im dicksten Autoverkehr mit knatternden Lastern und „fauchenden" Bussen nicht gleich die Nerven verlieren.

Um entspannt ins Grüne zu reiten, bedarf es einer intensiven Vorbereitung von Roß und Reiter.

7

Hierfür ist natürlich viel Geduld und Vertrauen notwendig, und oft dauert es Jahre, bis aus einem unerfahrenen Jungpferd ein Verlaßpferd wird, auf dem man entspannt die Natur erleben kann. Auch der Reiter benötigt neben einer reiterlichen Grundausbildung zusätzliche Kenntnisse und Fertigkeiten für das Reiten im Gelände. Der Begriff „Freizeitreiten" wird in diesem Zusammenhang häufig mißverstanden, weil er suggeriert, daß keine besondere Qualifikation erforderlich sei, wenn man lediglich zum Vergnügen – also ohne Turnierambitionen – in die freie Landschaft reiten will. Leider wird dieser fatale Irrtum auch durch die Haltung der meisten konventionell-lehrenden Reitschulen bestärkt, wo die Geländeausbildung – wenn überhaupt – nur eine untergeordnete Rolle spielt. Wer sich in puncto Geländereiten weiter aus- und fortbilden möchte, ist

häufig auf Spezialreitschulen und Lehrgänge angewiesen.

Wenn also aus dem erhofften Vergnügen kein unangenehmer Streß werden soll, müssen Roß und Reiter auf das Reiten im Grünen gut vorbereitet sein. Dieses Buch will zeigen, wie Pferd und Reiter geländesicher werden können: Von den Voraussetzungen bezüglich Verhalten, Haltung und Ausrüstung, über das Geländetraining von Pferd und Reiter bis hin zum richtigen Reitverhalten in der freien Natur sowie im Straßenverkehr sollen alle wichtigen Aspekte des Reitens in Wald und Flur besprochen werden. Aber auch Fragen wie „Was kann man gegen Scheuen oder Durchgehen im Gelände unternehmen?" oder „Wie verhalte ich mich bei einem Reitunfall richtig?" sollen beantwortet werden. Hinzu kommen zahlreiche Praxistips, Tabellen und Adressen.

WAS MAN ÜBER FLUCHT- UND HERDENTRIEB WISSEN SOLLTE

Die freie Landschaft ist das natürliche Umfeld des Pferdes, das als grasfressendes Fluchtwild ursprünglich in der Steppe lebte, wo das schnelle Davonlaufen vor fleischfressenden Jägern die Überlebensregel Nummer 1 war. Auch nach zweitausend Jahren Domestizierung durch den Menschen ist dieses *Fluchtverhalten* weitgehend erhalten geblieben. So wird ein Pferd immer versuchen, fremden und furchteinflößenden Dingen oder Situationen auszuweichen und davonzustürmen, wenn es sich bedroht fühlt.

Im günstigsten Fall bleibt es einfach nur stehen und weigert sich, weiterzugehen, oder es versucht, umzukehren oder einen Riesenbogen darum zu machen. Gerät es aber in Panik, wird es die Flucht ergreifen. Nun gibt es Reiter, die dieses instinktgeleitete Verhalten fälschlicherweise für Ungehorsam halten und das Pferd dafür bestrafen oder versuchen, sich gewaltsam durchzusetzen. Dieses Vorgehen führt aber

nur zu einer Verstärkung der Angst und damit des Fluchttriebs und heimst dem Reiter obendrein einen großen Vertrauensverlust seines Pferdes ein.

Nur gegenseitiges Vertrauen, souveränes Verhalten des Reiters und geduldige Gewöhnung an unbekannte Gegenstände, Geräusche, Gerüche und Situationen können dem Pferd die Angst nehmen und den Fluchttrieb eindämmen. Doch auch das sicherste Geländepferd kann sich mal erschrecken und seinem Urinstinkt folgen. Ein Pferd ist und bleibt eben ein Fluchttier! Deshalb sollte man möglichst immer „vorausschauend" reiten, das Pferd auf vermeintlich gefährliche Dinge aufmerksam machen und im Zweifelsfalle rechtzeitig das Tempo drosseln, um panikartige Reaktionen weitgehend auszuschließen.

Der *Herdentrieb* gehört ebenfalls zum arttypischen Verhalten des Pferdes, das sich vorwiegend in der Gesellschaft mit Artgenossen geborgen und sicher

Auch unsere heutigen Hauspferde ergreifen die Flucht, wenn sie in Panik geraten.

9

sondern drückt lediglich den Wunsch des Pferdes aus, zu seinen Artgenossen zurückzukehren.

Auf einer Koppel kann man das Herdenverhalten der Pferde sehr gut beobachten: Die rangniederen Tiere folgen den ranghöheren, die sich wiederum am Leittier orientieren, dem sie voll vertrauen. Im Grunde müßte der Mensch also genau diese Position einnehmen, um dem Pferd das nötige Sicherheitsgefühl im Gelände zu vermitteln.

Bei einem Gruppengalopp wird der Herdentrieb besonders oft ausgelöst.

fühlt. Will man also alleine mit einem Pferd ausreiten, muß es den Menschen als „ranghöheres Herdenmitglied" anerkennen und so viel Vertrauen zu ihm haben, daß es sich genauso beschützt fühlt wie im Herdenverband.

Der Herdentrieb kann bei Gruppenausritten im schnellen Tempo (z.B. beim Jagdreiten) verstärkt auftreten. Auch ist bekannt, daß wenn ein Pferd in der Reitergruppe durchgeht, häufig alle anderen folgen wollen. Das liegt daran, daß dieser Urinstinkt im Pulk vermehrt geweckt wird und eher zutage treten kann. Ebenso ist das „Kleben" keine Untugend, sondern nur ein sehr ausgeprägter Herdentrieb aufgrund von Unsicherheit und Vertrauensmangel zum Menschen. Auch der sogenannte „Stalldrang", mit dem man das Eiligerwerden auf dem Heimweg bezeichnet, hat nichts damit zu tun, daß das Pferd zurück in den Stall will,

SINNES-LEISTUNGEN UND DAS REITEN IM GELÄNDE

Mangelnde Kenntnisse über die hochentwickelten und spezialisierten Sinnesorgane des Steppentieres Pferd führen nicht selten zu Mißverständnissen und fehlerhaftem Verhalten des Reiters.

Denn das Pferd sieht durch die seitlich angeordneten Augen gänzlich anders als der Mensch. Es hat zwar nahezu einen „Rundumblick", jedoch existieren direkt vor und hinter dem Pferd sogenannte „blinde Zonen", wo es nichts erkennen kann. Um diese „toten Winkel" auszugleichen, muß das Pferd seinen Kopf zur Seite drehen können. Weil das Pferd seine Augen zwar seitwärts, aber nicht nach oben und unten bewegen kann, muß es seinen Kopf heben, wenn es in die Ferne schauen will, und ihn senken, wenn es auf den Boden gucken möchte. Daraus ergibt sich, daß Pferde, die ihren Kopf beim Geländereiten frei bewegen dürfen, eine bessere Übersicht haben und darum meist ruhiger und gelassener sind. Nimmt der Reiter dagegen die Zügel zu kurz, muß er sich über erhöhte Nervosität und Schreckhaftigkeit seines Pferdes nicht wundern! Falsch ist es auch, sein Pferd beim Anblick eines ungewohnten Gegenstandes durch Aufnehmen der Zügel quasi „festhalten" zu wollen. Vielmehr sollte der Reiter die Zügel lang lassen, gegebenenfalls anhalten und sein Pferd in Ruhe schauen lassen.

Dennoch kann es zu Schrecksituationen kommen, wenn beispielsweise ein Vogel plötzlich aus dem Gebüsch flattert oder der Wind eine Plastiktüte vor den Pferdehufen aufwirbelt. Das liegt an dem stark ausgeprägten Bewegungssehen der Pferde, wodurch sie auch auf kleinste Bewegungen oder Formveränderungen besonders sensibel reagieren. Während diese Fähigkeit in der Steppe zum Überleben unbedingt erforderlich war, um Verfolger möglichst frühzeitig zu erkennen, ist es für das Reiten im Gelände eher von Nachteil.

Aber es ist nun mal ein natürliches Verhalten, das man einkalkulieren muß und für das man ein Pferd niemals unfair behandeln darf!

Nach neueren Forschungsergebnissen können Pferde auch Farben erkennen und im Großen und Ganzen unter-

scheiden. Rot- und Gelbtöne werden offensichtlich besser gesehen als Blau- und Grüntöne. Besonders grelle Farben, wie Neonfarben in gelb oder orange, können beim Pferd sogar Streß und Angst auslösen. So reagieren fast alle Pferde zumindest skeptisch, wenn sie die leuchtend orange Weste eines Bahn- oder Straßenarbeiters sehen.

Auch der Gehörsinn ist beim Pferd hochentwickelt. Pferdeohren sind sehr empfindlich, können unabhängig voneinander in verschiedene Richtungen bewegt werden (Richtungshören) und nehmen durch ihre Trichterform auch Geräusche wahr, die menschliche Ohren nicht hören können. Versuche haben gezeigt, daß Pferde aber nicht nur besser hören als Menschen, sondern auch höhere Töne wahrnehmen können. Deshalb muß der Reiter stets mit unvorhersehbaren Reaktionen seines Pferdes rechnen. So kann beispielsweise schon das für uns kaum wahrnehmbare Rascheln eines Mäuschens im Gestrüpp eine Schreckreaktion auslösen. Zu bedenken ist auch, daß Geräusche, die für uns Menschen schon laut sind,

Das Pferd hat einen Blickwinkel von 270°.

für das Pferd fast unerträglich sind und es nervös oder gar panisch machen können.

Schließlich ist auch der Geruchssinn der Pferde wesentlich besser entwickelt als der des Menschen. Macht das Pferd also auf einem scheinbar friedlichen Waldweg plötzlich einen Satz zur Seite oder bleibt es aus heiterem Himmel stehen, hat es vielleicht einen Wildwechsel gewittert oder möchte den Kothaufen eines Artgenossen beschnuppern, der sozusagen als „Pferdepost" auf dem Weg liegt. Durch das Beriechen können Pferde auch ihnen unbekannte Dinge besser kennenlernen und einschätzen, weshalb man sein Pferd möglichst an Gegenständen schnuppern lassen soll, vor denen es sich fürchtet.

In der Regel hat das Pferd für Schreck- und Angstreaktionen immer einen Grund, auch wenn der Reiter diesen vielleicht nicht (gleich) sehen, hören oder riechen kann. Niemals darf man ein Pferd hierfür bestrafen, auch wenn man sich nicht erklären kann, warum das Pferd scheut oder nervös ist. Je besser der Reiter sein Pferd jedoch kennt, um so genauer kann er dieses Verhalten berechnen und vorbeugend eingreifen.

RICHTIGE HALTUNG FÜR COOLE PFERDE

Die ursprüngliche Umwelt des Pferdes war die Steppe mit ihrem unbegrenzten Bewegungsangebot. Alle Organe, das Gebäude, Instinkte und Verhaltensweisen des Pferdes sind auf ein Leben als freies Fluchttier ausgerichtet. Durch die Boxenhaltung werden die Grundbedürfnisse und natürlichen Lebensgewohnheiten der Pferde jedoch erheblich eingeschränkt.

Neuere Untersuchungen haben zudem ergeben, daß die Tiere durch diese unnatürliche Haltungsform nachweislich öfter erkranken und früher sterben: So schädigen Ammoniakgase, Pilzsporen und Staub die empfindlichen Atemwege des Pferdes und können zu chronischen Leiden führen.

Reithengste sind an Pferdeäpfeln von Artgenossen besonders interessiert.

Permanenter Bewegungsmangel und Fütterungsfehler können Verdauungsstörungen zur Folge haben, aber auch akute und langfristige Krankheiten durch ständige Eiweißüberfütterung sind möglich. Das lange Stehen (bis zu 23 Stunden täglich!) einerseits und die plötzliche Beanspruchung der Gliedmaßen andererseits können Lahmheiten und chronische Beinleiden hervorrufen, und durch Langeweile und fehlenden Kontakt zu Artgenossen kommt es nicht selten zu Verhaltensstörungen wie Koppen und Weben. Ist das artgerecht? Gewiß nicht!

Defizite des natürlichen Bewegungsdrangs schaffen zudem häufig Probleme wie Durchgehen, Bocken und Steigen, wodurch nicht nur die Pferde, sondern auch ihre Reiter in äußerst gefährliche Situationen kommen können. Ein unbeschwertes Freizeitvergnügen? Sicherlich nicht! Das alles macht deutlich, daß reine Boxenhal-

tung sowohl für das Pferd als auch für den Reiter auf Dauer zur Qual wird. Deshalb sollte man für eine möglichst große Übereinstimmung von Haltung und Verhalten sorgen. Was aber bedeutet artgerechte Pferdehaltung?

Grundsätzlich sollte jedes Pferd wenigstens einige Stunden am Tag Auslauf mit einem oder mehreren Artgenossen haben und in dieser Zeit seine natürlichen Bedürfnisse nach Körperkontakt, Laufen, Grasen und Wälzen befriedigen können. Erfreulicherweise gibt es immer öfter alternative Haltungsformen, und das nicht nur auf dem Lande, sondern auch an den Peripherien der Städte: Bei der sogenannten Halbrobusthaltung genießen die Pferde tagsüber Weidegang und sind nur nachts in Boxen untergebracht. Auch geräumige Außenboxen mit stundenweisem Auslauf und/oder direkt anschließenden Einzelpaddocks sind ein erheblicher Fortschritt zur

Als Steppentier benötigt das Pferd Licht, Luft und Bewegungsfreiheit.

Artgerechte Haltung ist Voraussetzung für ausgeglichene Geländepferde.

herkömmlichen Boxenhaltung. Am besten ist jedoch die Gruppenauslaufhaltung, bei der mehrere Pferde auf einem Paddock und meist angrenzenden Weiden zusammenleben.

Ein Offenstall, der mit individuellen Freßständen und einem oder mehreren Liegebereichen ausgestattet ist, bietet den Pferden zudem Wetterschutz und die Möglichkeit, jederzeit selbst zu entscheiden, ob sie sich drinnen oder draußen aufhalten möchten.

Eigentlich kann ein Pferd nur auf der Grundlage einer möglichst naturgetreuen Haltung auf Dauer gesund und leistungsfähig bleiben. Denn Auslaufhaltung (auch im Winter!) stärkt die Abwehrkräfte und hält körperlich fit. Der Kontakt zu Artgenossen führt einerseits zu mehr Selbstvertrauen und andererseits zu einem besseren Einordnungsvermögen aufgrund der Rangfolge im Herdenverband, was für das Reiten im Gelände sowohl alleine als auch in der Gruppe von Vorteil ist. Außer-

dem sorgt die kontinuierliche Bewegung für eine reibungslose Verdauung, kräftigt Sehnen sowie Bänder und hält sie geschmeidig.

Die uneingeschränkte Bewegungsfreiheit vermeidet aber auch Überreaktionen wie Pullen oder Stürmen, schafft eine gewisse Grundkondition und erhöht die Leistungsbereitschaft. Nicht zuletzt wird durch die ständige Beanspruchung der Sinne die Hemmschwelle für äußere Reize heraufgesetzt und so Nervosität und Schreckhaftigkeit erheblich eingeschränkt.

Will man also ein zufriedenes und ausgeglichenes Geländepferd haben, muß man zuallererst für eine artgemäße Unterbringung sorgen. Auch darf nie vergessen werden, daß man als Pferdehalter die Verantwortung für ein Tier übernommen hat, das völlig vom Menschen abhängig ist und um dessen Wohlergehen man - unabhängig von eigenen Interessen - immer bemüht sein sollte!

GELÄNDE-AUSRÜSTUNG FÜR REITER UND PFERD

Alle Ausrüstungsteile sollten bequem sein und genau passen, was für ein entspanntes und ermüdungsfreies Reiten sowie für die richtige Einwirkung der Reiterhilfen sehr wichtig ist. Denn drückt der Stiefel oder schnürt die Reithose die Beine ein, wird der Reiter nervös und kann seine Hilfen unter Umständen nicht korrekt einsetzen und dosieren. Schlecht sitzende Sättel oder Zaumzeuge können wiederum

beim Pferd Streß oder gar Schmerzen auslösen, die dann nicht selten zu Fehlreaktionen bis hin zum Bocken oder Steigen führen.

Desweiteren sollte die Ausrüstung alle Sicherheitsanforderungen erfüllen und regelmäßig daraufhin kontrolliert werden. Wer nämlich einen angerissenen Zügel oder Sattelgurt erst bemerkt, wenn es zu spät ist, kann froh sein, wenn er glimpflich davonkommt! Viele Reitunfälle passieren aufgrund defekter Ausrüstungsteile. Deshalb sollte man sich und sein Pferd nicht unnötig in Gefahr bringen und nur mit völlig intakter Ausrüstung ins Gelände reiten.

PRAKTISCHE REITKLEIDUNG FÜR JEDES WETTER

Für den Ausritt sollte man sich so kleiden, daß der Körper immer angenehm temperiert und vor jeder Witterung geschützt ist. Flexible und schweißableitende Sportunterwäsche sowie Strümpfe aus Baumwollmix gehören zur Grundausstattung des Geländereiters. Reithosen dürfen nicht zu eng sein oder den Reiter gar in seiner Bewegungsfreiheit behindern.

Gut geeignet sind elastische Reitjeans oder weitgeschnittene Jodhpurhosen, die besonders für heiße Sommertage zu empfehlen sind, weil man darin nicht so leicht schwitzt.

In ledernen Reithosen oder solchen mit Ganzlederbesatz hat der Reiter zwar einen rutschfesten Sitz im Sattel, doch beim Schwitzen kleben diese Hosen störend an den Beinen und sind deshalb nur in der kühlen Jahreszeit angenehm zu tragen.

Chapsletten sind ein bequemer Stiefelersatz.

Herkömmliche Schaftstiefel aus Leder oder Kunststoff sind vor allem für längere Geländeritte weniger zweckmäßig, weil man in ihnen schlecht laufen kann und sie zudem bei Hitze auf Dauer unerträglich werden. Besser sind knöchelhohe Stiefeletten oder Reitschuhe mit Profilsohle, die sowohl zum Reiten als auch zum Laufen ideal sind und die sich gut mit halbhohen Chapsletten kombinieren lassen, um einen sicheren Halt im Sattel zu gewährleisten.

Auch die Oberbekleidung sollte den jeweiligen Wetterverhältnissen angepaßt sein: Luftige Langarmhemden schützen im Sommer gegen Insekten, ärmellose Westen oder leichte Reitjacken mit verschließbarem Kragen bewahren vor Zugluft an windigen Tagen, und bei Regen haben sich wachsbeschichtete Reitmäntel oder Reitjacken in Verbindung mit Wachschaps bewährt, die regelmäßig imprägniert absolut wasserdicht sind Für einzelne Regenschauer sind leichte Regenponchos geeignet, die man bei Bedarf schnell über die übrige Kleidung ziehen und klein zusammengefaltet problemlos am Sattel oder Gürtel befestigen kann.

Auf Ausritte bei Schnee und Eis braucht heutzutage kein Geländereiter mehr zu verzichten. Denn wärmende Faserpelze und gut isolierte, spezielle Thermokleidung für Reiter (Thermojacken, -hosen oder -chaps, Thermostiefel oder -reitschuhe und Fingerhandschuhe aus Thermomaterial) sorgen selbst bei Minusgraden für eine recht angenehme Körpertemperatur und machen so auch im Winter längere Geländeausflüge möglich.

PRAXISTIPS

- Öffnen Sie niemals Ihre Jacke oder Weste, wenn Sie verschwitzt sind (Erkältungsgefahr!)
- Schützen Sie Ihren Hals-/ Nackenbereich mit einem Rollkragenpulli oder Halstuch vor Zugluft
- Tragen Sie im Winter mehrere Kleiderschichten übereinander (z.B. T-Shirt, Hemd, Pulli und Jacke), das isoliert zusätzlich
- Eine Feinstrumpfhose unter der Reithose wärmt Beine und Füße bei Kälte und macht jede Bewegung des Reiters mit

SICHERHEITSZUBEHÖR

Die Ausrüstung soll aber nicht nur vor Regen, Kälte und Wind, sondern auch vor Verletzungen zuverlässig schützen. Deshalb ist das Tragen eines Sicherheitshelms für jeden Geländereiter – besonders aber für unsichere und junge Reiter – dringend anzuraten. Viele schwere Kopfverletzungen könnten so vermieden werden! Die heutigen Modelle besitzen eine leichte, splitterfreie ABS-Helmschale, einen flexiblen Schirm und eine reißfeste Dreipunkt-Beriemung. Ein zusätzlicher Kinnschutz fehlt allerdings bei den neuesten Reithelmen, weil dieser nach jüngsten Untersuchungen beim Sturz das Kiefergelenk aushebeln kann. Vergitterte Luftschlitze schützen vor Insekten und sorgen zudem für einen hohen Tragekomfort ohne Druckgefühl und Schwitzen.

Empfehlenswert sind auch Reithandschuhe aus weichem Leder (mit oder ohne Belüftungsöffnungen) oder einem anderen hautfreundlichen Material zum Schutz der Hände vor Blasen und Scheuerstellen oder Schürfwunden bei einem möglichen Sturz.

Wer alleine ins Gelände reitet oder ein schwieriges Pferd besitzt, sollte außerdem über die Anschaffung einer Sicherheitsweste nachdenken. Solche „Body Protectors", die beim Militarysport eingesetzt werden, bewahren den Reiter beim Sturz oder einem Schlag vor ernsthaften Verletzungen wie Rippen- und Schlüsselbeinbrüchen oder Prellungen der Wirbelsäule.

Als Geländereiter sollte man sich schließlich immer für Sicherheitssteigbügel entscheiden, die entweder vorne geschlossen sind oder durch einen Selbstöffnungsmechanismus ein Hängenbleiben des Fußes im Bügel verhindern. Geschlossene Steigbügel haben zudem den Vorteil, daß sie eine breitere Trittfläche haben und dadurch nicht nur bequemer sind, sondern beim Scheuen oder Durchgehen des Pferdes nicht so leicht vom Fuß gleiten und so unnötige Stürze vermeiden helfen.

Auch für die breiten Steigbügel der Westernsättel gibt es lederne Umhüllungen, sogenannte Tapaderos, die ein Durchrutschen des Reiterfußes unmöglich machen.

Ein moderner Reithelm in Kombination mit einer Sicherheitsweste.

Geländereiter sollten Sicherheitsbügel verwenden.

Von links nach rechts: Vielseitigkeitssattel, Trachtensattel, Westernsattel und Wandersattel

GEEIGNETE SÄTTEL UND ZÄUMUNGEN

Die Wahl des Sattels hängt davon ab, welcher Reitweise man sich verschrieben hat, wie oft man ins Gelände reitet und ob man mehrmals im Jahr auf einen längeren Treck geht. Wer nur gelegentlich kürzere Strecken im Gelände reitet und Anhänger des englischen Reitstils ist, ist wohl mit einem Vielseitigkeitssattel gut beraten. Für regelmäßige und längere Geländeritte sind sogenannte Trachtensättel jedoch vorzuziehen, weil die flachen, nach hinten herausgestellten Trachten das Reitergewicht besser verteilen. Außerdem besitzen diese Sättel Befestigungsringe für Packtaschen, die bei Vielseitigkeitssätteln meist fehlen. Westernreiter verwenden natürlich einen Westernsattel, der sich mit seiner großen Auflagefläche und seinem bequemen Sitz besonders für lange Trekkingtouren eignet. Für das Geländereiten sollte der Westernsattel aber möglichst ein etwas nach vorn gewinkeltes Horn und einen nicht zu weit hinten liegenden Tiefpunkt des Sitzes

haben. Darüber hinaus werden auf dem Markt inzwischen eine Vielzahl von speziellen Wander- und Distanzsätteln angeboten, wie z.B. der kanadische McClellansattel oder der französische Gardiansattel. Die Investition in solch einen Spezialsattel lohnt sich aber nur für Geländereiter, die mindestens einmal im Jahr auf einen Wander- oder Distanzritt gehen.

Ganz gleich für welchen Satteltyp man sich jedoch entscheidet, der Sattel sollte immer von einem Fachmann angepaßt oder auf Paßgenauigkeit überprüft und falls nötig umgearbeitet werden. Denn nicht nur Druckstellen, sondern auch lange Lösungsphasen oder eine schwer zu aktivierende Hinterhand können durch schlecht sitzende Sättel hervorgerufen werden.

Desweiteren sollte man für eine gut gepolsterte Sattelunterlage sorgen. Hierzu eignen sich Satteldecken aus Filz oder Lammfell, dicke Pads oder zusätzliche Sattelkissen aus Schaumgummi oder einem medizinischen Gelmaterial. Auch Navajo- oder Baumwolldecken, die man viermal sorgfältig zusammenlegt und ohne Falten zwi-

schen Pferderücken und Sattel legt, sind ausgezeichnet. Der richtige Sattel soll aber auch zum Reiter optimal passen, ihm im schwierigen Gelände sicheren Halt geben und so bequem sein, daß er auch auf längeren Strecken schmerz- und ermüdungsfrei sitzen kann. Hat man ein besonders empfindliches Hinterteil, empfiehlt sich zusätzlich ein Sattelüberzug aus Kunst- oder Lammfell, die es mittlerweile für fast jede Sattelform gibt. Im Winter halten solche Überzüge außerdem angenehm warm und verhindern Blasen- und Nierenentzündungen.

Für welche Zäumung man sich entscheidet, hängt nicht nur vom Reitstil ab, sondern es müssen auch der Ausbildungsstand des Pferdes sowie des Reiters berücksichtigt werden. Grundsätzlich sollte die Zäumung vom Pferd gut akzeptiert werden und exakt an Kopf und Maul angepaßt sein. Der Reiter muß die Wirkungsweise der jeweiligen Zäumung genau kennen und ihre Handhabung erlernt haben. Zum Ausreiten in der englischen Reitweise haben sich besonders die ungebrochenen Trensen aus Nathe, einem sehr

PRAXISTIP

Wenn Sie wissen wollen, ob die Sattelkammer Ihres Sattels paßt, legen Sie ein Stück Draht über den Widerrist Ihres Pferdes und biegen ihn entsprechend seiner Ausbildung. Dann legen Sie den Draht auf eine Pappe und schneiden die Form aus. Schieben Sie nun die ausgeschnittene Pappform in die Sattelkammer und schauen Sie, ob diese für Ihr Pferd passend oder eventuell zu eng oder zu weit ist.

pferdemaulfreundlichen, flexiblen Kunststoff bewährt. Nathe-Gebisse werden von den meisten Pferden sehr gerne angenommen, weil sie anatomisch richtig geformt sind, gut im Pferdemaul gleiten und sanft wirken.

Außerdem haben sie den Vorteil, daß sie im Winter vor dem Auftrensen nicht angewärmt werden müssen, wie es bei Metallgebissen ratsam ist, um dem Pferd das anfangs unangenehm

*Links oben:
einfaches Kopfstück
mit Nathe-Gebiß,
links unten:
Hannoversches
Reithalfter,
rechts:
Englisches
Reithalfter*

kalte Gefühl im Maul zu ersparen. Wer sich dennoch für eine herkömmliche Wassertrense entscheidet, sollte zumindest ein doppelt gebrochenes Gebiß wählen, dessen Wirkung gemäßigter ist und vor allem die Pferdezunge beim Annehmen der Zügel nicht so stark quetscht („Nußknackereffekt") wie die einfach gebrochene Trense. Für das westernmäßige Geländereiten sind das Snaffle Bit oder eine milde Westernstange geeignet, die aber im Unterschied zu den Trensen nicht mit ständiger Anlehnung, sondern überwiegend am losen Zügel, d.h. nur durch

kurzes Annehmen bei Bedarf, geritten werden. Auch gebißlose Zäumungen wie das Bosal oder das Merothische Reithalfter kommen für das Geländereiten in Frage, aber nur wenn das Pferd bereits geländesicher ist und gelernt hat, sich mit Hilfe von Gewichtsverlagerungen lenken zu lassen.

Alle Kopfstücke müssen glatt aufliegen und dürfen nirgendwo drücken oder scheuern. Generell sollte man beim Reiten im Gelände nur so viele Riemen einsetzen, wie wirklich notwendig sind. So sind die oft gedankenlos verwendeten Sperrhalfter für einen routinierten Geländereiter und ein gut ausgebildetes Geländepferd in der Regel überflüssig und engen nur unnötig die Atmung des Pferdes ein. Wer trotzdem ein solches Reithalfter benutzt, muß unbedingt auf die richtige Verschnallung achten: Das Hannoversche Reithalfter darf niemals zu tief oder zu eng geschnallt werden, sondern es müssen immer zwei Finger zwischen Nasenriemen und Pferdekopf passen.

Außerdem darf die Metallschnalle nicht direkt an den empfindlichen Pferdelippen liegen. Besser ist das Eng-

PRAXISTIPS

- Wenn Sie kein Sperrhalfter benötigen, kaufen Sie besser gleich einen Westernzaum, in den man auch Trensengebisse einschnallen kann
- Bei einigen Fachausstattern für Freizeitreiter kann man gegen eine Gebühr Gebisse und Zäumungen ausleihen und ausprobieren, damit man nicht etwas Unpassendes kauft
- Gummischeiben verhindern zwar das Durchrutschen von Trensengebissen im Pferdemaul, können aber im feuchten Zustand bei empfindlichen Pferden Juckreiz hervorrufen. Besser sind hier Gebisse mit D- oder Olivenkopfringen
- Verwenden Sie nur qualitativ hochwertige und völlig einwandfreie Gebisse
- Damit das Martingal in der gewünschten Einstellung bleibt, fixieren Sie es unterhalb der Gabelung mit Klebeband, einer kleinen Feststellschraube oder einem sogenannten Martingalschieber

halb im Gelände nicht verwendet werden. Auch das so beliebte laufende Ringmartingal sollte nicht auf Dauer, sondern nur in Ausnahmefällen – wie bei Jagden oder Gruppenausritten im schnellen Tempo – eingesetzt werden. Es vermindert die Wirkung einer hart zupackenden Reiterhand in Extremsituationen und verhindert, daß das Pferd den Kopf nach oben werfen kann. Das Martingal muß aber immer so verschnallt sein, daß auch bei anstehenden Zügeln die vom Pferdemaul zur Reiterhand verlaufende Zügellinie nicht gebrochen wird.

Ein richtig verschnalltes Ringmartingal

Übrigens löst der Griff zu einer schärferen Zäumung niemals Schwierigkeiten wie Pullen oder Stürmen oder kuriert gar Durchgänger. Meist wird das Problem sogar noch verstärkt, wenn das Pferd nämlich versucht, sich durch Weglaufen dem schmerzenden Einsatz zu entziehen. In jedem Fall aber wird es härter im Maul werden und mit der Zeit mehr und mehr abstumpfen, womit man in einem Teufelskreislauf hängt. Hier hilft nur Ursachenforschung und die Wahl eines sanft wirkenden Gebisses, das keinerlei Schmerzen verursacht.

lische Reithalfter, dessen oberer Sperriemen unterhalb des Jochbeins geschlossen wird und das Pferd nicht beim Atmen behindert. Der untere Sperriemen verläuft hingegen zu tief, drückt auf den Luftsack und sollte - falls es der Ausbildungsstand des Pferdes erlaubt - herausgeschnallt werden. Hilfszügel korrigieren in der Regel keine Problempferde und sollten des-

HUFSCHUTZ

Die natürlichste Art des Laufens für ein Pferd ist, wenn es barhuf gehen kann. Hat man also ein junges Pferd mit gesunden Hufen erworben, sollte man es nicht gleich beschlagen lassen.

Mit der richtigen Hufpflege und regelmäßigen Korrekturen kann es durchaus auch barhuf ins Gelände geritten werden - zumindest dann, wenn die Wege relativ weich sind und man nur zwei- oder dreimal pro Woche kürzere Strecken ins Grüne geht. Reitet man dagegen täglich aus und sind die Böden zudem hart und steinig oder geht man auch schon mal auf längere Touren, wird man auf Dauer wohl kaum ohne Hufschutz auskommen. Aber auch dann muß ein Pferd nicht unbedingt einen Eisenbeschlag erhal-

Mit Hufschuhen sind Geländepferde bestens geschützt.

ten, denn es gibt inzwischen modernere Möglichkeiten, die Hufe seines Pferdes zu schützen.

Ideal für das Geländereiten sind anschnallbare Hufschuhe, die je nach Bodenverhältnissen, Hufbeschaffenheit und Länge des Rittes variabel und gezielt eingesetzt werden können. Hufschuhe schützen vor übermäßigem Hornabrieb und bewahren den Huf durch die geschlossene Sohle vor Steingallen und Verletzungen. Außerdem schränken sie den natürlichen Hufmechanismus nicht ein und schonen die Bänder, Sehnen sowie Gelenke durch ihre Dämpfungswirkung auf hartem Boden. Im Winter verhindern sie zudem die lästigen Schneeklumpen im Huf, und bei Glatteis oder im schwierigen Gelände kann man Widiastollen in die Hufschuhe schrauben, die einen sicheren Halt gewährleisten und ein gefährliches Ausrutschen vermeiden.

Für das Reiten im Gelände ist der Schweizer Swiss Horse Boot besonders gut geeignet, denn dieser Hufschuh hält bei exakter Anpassung auch im hohen Tempo sowie bei extremen Situationen, wie im Matsch oder bei Wasserdurchquerung und hat sich schon mehrfach auf Wander- und Distanzritten bewährt. Außerdem besitzt er aufgrund seines abriebarmen Materials (Polyurethan) eine lange Lebensdauer (halbes bis ein Jahr). Hufschuhe kann man aber auch vorübergehend einsetzen, so z.B. zur Überbrückung stark abgelaufener Hufe, bei verlorengegangenen Hufeisen oder in der Umgewöhnungsphase zum Barhuflaufen.

Ähnliche Eigenschaften wie Hufschuhe haben Kunststoffbeschläge. Sie sind ebenfalls aus Polyurethan und

gewährleisten im Vergleich zum Hufeisen einen relativ ungehinderten Hufmechanismus. Allerdings wird der Kunststoffbeschlag auf den Huf genagelt, wenn auch mit vergleichsweise kürzeren und dünneren Nägeln als beim herkömmlichen Eisenbeschlag.

Da das Aufbrennen wegfällt, muß das Anpassen an den Huf sehr sorgfältig und gewissenhaft durchgeführt werden, wenn der Beschlag lange halten soll. Deshalb sollte man möglichst einen auf Kunststoff spezialisierten Hufschmied oder Hufpfleger mit dem Beschlag beauftragen. Bei der Gesellschaft der Huf- und Klauenpfleger (GdHK) kann man eine Liste der bundesweit praktizierenden Hufpfleger bestellen, die Kunststoffbeschläge anfertigen. Entscheidet man sich trotz der fortschrittlichen Alternativen für einen konventionellen Eisenbeschlag, sollte zumindest darauf geachtet werden, daß die Eisen eine Zehenrichtung erhalten, damit das Pferd gut abrollen kann. Außerdem darf niemals über die breiteste Stelle des Hufes hinausgenagelt werden (maximal sechs Nägel pro Huf), um den Hufmechanismus nicht völlig einzuschränken.

In den Wintermonaten helfen sogenannte Hoofgrips (Gummiwülste zwischen Huf und Eisen) gegen das Aufstollen von Schnee.

PRAXISTIPS

· Achten Sie auf einen korrekten Hufbeschlag und lassen Sie diesen alle sechs bis acht Wochen erneuern
· Reiten Sie nicht mit lockeren Eisen ins Gelände!

· Bedenken Sie, daß die Umgewöhnungsphase vom Beschlag auf Barhuf ein Jahr und länger dauert!
· Barhufpferde müssen alle vier bis sechs Wochen korrigiert werden. Dabei dürfen nur abgestorbene Hornteile von der Sohle entfernt werden. Der Strahl sollte nicht zu kurz geschnitten werden und der Tragrand muß ausreichend rundgefeilt werden
· Passen Sie Hufschuhe genau an und gewöhnen Sie Ihr Pferd durch anfangs nur kurze Ausritte allmählich daran
· Stellen Sie sicher, daß auch eventuelle Reitbeteiligungen das An- und Abschnallen der Hufschuhe beherrschen
· Reiten Sie nur mit einem völlig lahmfreien Pferd ins Gelände!
· Lassen Sie Ihr Pferd nicht unnötig über Steine laufen, sondern weichen Sie wenn möglich aus
· Traben oder galoppieren Sie nicht längere Zeit über Asphalt oder harten Boden
· Kratzen Sie die Hufe nach dem Ausritt sorgfältig aus und kontrollieren Sie Sohle, Ballen und Kronsaum auf mögliche Verletzungen
· Zerkratzen Sie die schützende Glasurschicht der Hufwand nicht mit harten Bürsten
· Füttern Sie bei schlechter Hornqualität oder geringem Hornwachstum ein hochwertiges Biotinprodukt zu

Eins sein mit Pferd und Natur: für viele die Erfüllung eines Traumes.

GELÄNDE-AUSBILDUNG FÜR DEN REITER

Ein guter Geländereiter zu sein heißt, sein Pferd in jeder sich draußen ergebenden Situation zwanglos und angstfrei unter Kontrolle zu haben. Im Idealfall sind Reiter und Pferd bestens aufeinander abgestimmte Partner, die sowohl einander sehr gut kennen als auch physisch und psychisch für alle Begebenheiten im Gelände ausreichend eingeübt sind. Das ist zwar ein sehr hoher Anspruch, aber unbedingte Voraussetzung, wenn man wirklich entspannt ausreiten möchte und das wunderbare Gefühl des Einseins mit seinem Pferd und der Natur erleben will.

LERNZIEL GELÄNDEREITEN

Will man ein qualifizierter Geländereiter werden, muß man zunächst fundierte theoretische Kenntnisse erwerben, die auf praktische Situationen vorbereiten. Die theoretische Schulung umfaßt die Gebiete Pferdepsyche, artgerechte Haltung, korrekte Ausrüstung, Rittplanung, Verhalten im Gelände, Waldgesetze und Reitrecht, Wetterkunde und Orientierung im Gelände, die Straßenverkehrsordnung sowie die Vor- und Nachbereitung des Pferdes.

Neben dem theoretischen Wissen erfordert das Geländereiten natürlich auch solide reiterliche Fertigkeiten. So muß der angehende Geländereiter in erster Linie einen zügelunabhängigen, sattelfesten Sitz in allen Gangarten erlernen und die signalartigen Reiterhilfen eintrainieren, die für das Reiten in der Natur im Vordergrund stehen. Außerdem muß sich der Geländereitschüler aneignen, wie man außergewöhnliche Situationen im Straßenverkehr oder in Feld und Wald bewältigt. Das übt man zunächst in der Reitbahn und später unter qualifizierter Anleitung im Freien ein. Darüber hinaus stehen noch andere praktische Trainingseinheiten wie das disziplinierte Reiten in der Gruppe, das Führen eines

Handpferdes, das selbständige Verladen eines Pferdes und Erste-Hilfe-Maßnahmen für Reiter und Pferd auf dem Ausbildungsprogramm.

WO UND WIE LERNT MAN GELÄNDEREITEN?

In den meisten konservativen Reitbetrieben findet kaum eine geländenahe Reitausbildung statt. Häufig beschränkt sich hier das Geländereiten auf den „Sonntagsausritt" mit der Abteilung, und theoretische Grundlagen werden nur im Zusammenhang mit Abzeichen-Prüfungen vermittelt.

Dennoch gibt es einige konventionell arbeitende Reitanlagen, die neben der klassischen Reitausbildung auch auf vereinseigenen Wiesen und Reitwegen das Reiten im Gelände trainieren oder spezielle Lehrgänge für Gelände- oder Jagdreiter anbieten. Da Geländetraining in traditionellen Reiterkreisen aber noch sehr selten ist, findet man geländespezifischen Unterricht eher bei den Westernreitern, auf Gangpferdehöfen, im Reitzentrum Reken oder in Reken-orientierten Anlagen. Auch gibt es inzwischen mehrere Vereinigungen für Freizeitreiter, die sich sowohl für ein freizügiges Reiten im Gelände als auch für die qualifizierte Ausbildung von Geländereitern und -pferden einsetzen. So ist die Vereinigung der Freizeitreiter in Deutschland (VFD) in etlichen Regional- und Ortsverbänden aktiv und veranstaltet vielerorts Reitkurse, aber auch Stern- und Wanderritte sowie Geschicklichkeitsturniere. Wer die Grundlagen des Geländereitens erlernt hat, kann sich durch entsprechende

Auf Gangpferdehöfen trainiert man Geländereiten in der Ovalbahn.

Gymnastikübungen gehören zum Ausbildungsprogramm.

Lehrgänge auch auf Trekkingprüfungen oder das Wanderreiten vorbereiten. Der Erste Trekking Club Deutschlands (ETCD) und die Deutsche Wanderreiter Akademie (DWA) bieten hierfür Seminare und mit Prüfungen abschließende Grund- und Aufbaukurse sowie Lehrwanderritte an.

Der Blockunterricht in Form von Intensivkursen dauert in der Regel ein bis zwei Wochen und vermittelt dem künftigen Geländereiter zunächst das nötige Basiswissen mittels Vorträgen, Lehrfilmen und Anschauungsunterricht. Danach folgen Trockenübungen auf dem Holzpferd oder Sitzbalken sowie Reitergymnastik und Führübungen mit dem Pferd auf dem Reitplatz, im Straßenverkehr und Gelände. Auf gut ausgebildeten Schulpferden werden dann reiterliche Übungen - zuerst in der sicher eingezäunten Reit- oder Ovalbahn und später im freien Gelände - unter fachkundiger Leitung durchgeführt.

Nach einem solchen Grundkurs oder zehn bis zwölf Reitstunden durch einen qualifizierten Reitlehrer sollte man in der Lage sein, in Begleitung eines erfahrenen Geländereiters und auf einem gut geschulten Geländepferd in allen Gangarten ins Grüne zu reiten. Allein mit einem Pferd ins Gelände gehen sollte man aber erst, wenn man etwa ein Jahr regelmäßig Reitunterricht erhalten hat und/oder mehrere Intensivkurse - wenn vorhanden auch mit eigenem Pferd - belegt hat.

Das sind jedoch nur durchschnittliche Zeitangaben, die individuell sehr schwanken können. Jeder Reiter muß daher selbst entscheiden, wann er sich seinen Traum vom unbeschwerten Geländereiten ohne Angst und Streß erfüllen kann. Hierzu muß er seine und die Fertigkeiten seines Pferdes ehrlich einschätzen und abwägen. Ein Geländeprofi zu werden dauert in der Regel mehrere Jahre und setzt eine gewisse Erfahrung und Routine voraus.

PRAXISTIPS

· Schauen Sie sich den Reitbetrieb genau an, bevor Sie sich zum Unterricht anmelden. Monotones Abteilungsreiten und Reitunterricht im „Kasernenhof-Ton" ist nichts für angehende Geländereiter!

· Achten Sie auf eine möglichst artgerechte Unterbringung oder regelmäßigen Auslauf der Schulpferde. Diese Tiere sind nämlich ausgeglichener und erleichtern Ihnen das Reitenlernen

· Nehmen Sie nur dort Unterricht, wo Sie sich wohl fühlen und ohne Angst oder Druck reiten lernen können

· Stellen Sie sicher, daß der Unterricht von einem qualifizierten Reitlehrer und nicht von irgendeiner Hilfskraft abgehalten wird

· Reiten Sie anfangs nur in Begleitung eines erfahrenen Geländereiters aus

· Wenn Sie später alleine ausreiten, hinterlassen Sie im Stall stets, welche Route Sie nehmen und wann Sie etwa zurück sein werden

AUS- UND FORTBILDUNGS-
MÖGLICHKEITEN

Die Deutsche Reiterliche Vereinigung (FN) hat für Geländereiter die Möglichkeit zur Reiterpaß-Prüfung eingeführt. Dieses Abzeichen stellt gewissermaßen den „Führerschein fürs Gelände" dar. Unter anderem werden Reitrecht in Wald und Feld, Verkehrsregeln für Reiter, korrektes Verhalten im Gelände und bei Reitunfällen und vieles mehr geprüft.

Wer den Reiterpaß erworben hat, kann sich zum Berittführer FN weiterbilden, der befähigen soll, eine Reitergruppe sicher durch das Gelände und durch den Straßenverkehr zu begleiten. Voraussetzung für einen Berittführer-Lehrgang ist – neben dem Reiterpaß FN – die Mitgliedschaft in einem der FN angeschlossenen Reitervereine, die Vollendung des 18. Lebensjahres, Nachweise über einschlägige reiterliche Erfahrungen und ein absolvierter Erste-Hilfe-Kurs. Abgefragt werden unter anderem die Gebiete Pferdehaltung, Veterinärkunde, Rechtsvorschriften, Sportlehre, Organisation von Wanderritten sowie Maßregeln zur Unfallverhütung. Die praktische Prüfung umfaßt das Reiten im Gelände im leichten Sitz, dressurmäßiges Reiten der Klasse A, Überspringen von vier festen Geländehindernissen bis zu 80 cm und das Reiten mit Handpferd.

Auch die VFD bietet Ausbildungsmöglichkeiten für Gelände- und Wanderreiter an. Ihre Zertifikate tragen das internationale Symbol der „Windrose". So erhält der geprüfte Geländereiter die Bunte Windrose (Reiterpaß 1). Dem geprüften Wanderreiter wird die Bronzene (Reiterpaß 2), dem Gelände-

rittführer die Silberne (Reiterpaß 3) und dem Wanderrittführer die Goldene Windrose (Reiterpaß 4) verliehen.

Ebenso kann man beim ETCD Geländeprüfungen ablegen. In drei Ausbildungsstufen können die Grade Trekkingreiter, Trekkingführer und Trekkingsausbilder erworben werden.

Der Islandpferde Reiter- und Zuchtverband (IPZV) sieht für Geländereiter auf Islandpferden schließlich auch eine spezielle Abzeichenprüfung vor. Beim Freizeitreitabzeichen werden auch Kenntnisse über Naturschutz, Verhalten im Wald und Straßenverkehr sowie Wanderreiten abgefragt. Die praktische Prüfung umfaßt das Geländereiten im Entlastungssitz sowie das Passieren von Wasserstellen.

Einige Vereinigungen bieten Weiterbildungsmöglichkeiten für Geländereiter.

TRAININGS-TIPS FÜR GELÄNDE-PFERDE

Nicht nur der Reiter, sondern auch das Pferd benötigt neben einer soliden Grundausbildung ein geländespezifisches Trainingsprogramm. Da man als Reiteinsteiger aber mit der Ausbildung eines Jungpferdes überfordert wäre, sollte man nach Möglichkeit schon ein sicheres Geländepferd erwerben.

Junge oder noch nicht fürs Geländereiten vorbereitete Pferde brauchen ein aus mehreren Einzelschritten bestehendes Training, um alle mit einem Ausritt verbundenen Gegebenheiten kennen und bewältigen zu lernen. Das setzt natürlich schon einige Erfahrung des Ausbilders im Umgang mit Pferden und im Geländereiten voraus. Hat man diese Fertigkeiten erworben, kann man sein Pferd auch selber fürs Reiten im Grünen vorbereiten und sich durch zusätzliche Kurse gemeinsam weiterschulen. Zu bedenken ist allerdings, daß eine solche Ausbildung viel Geduld erfordert und es meist Jahre dauert, bis ein Pferd wirklich geländesicher und man mit ihm „zusammengewachsen" ist. Für diese angestrebte Harmonie zwischen Pferd und Reiter ist neben Geduld auch eine konsequente Erziehung und vor allem gegenseitiges Vertrauen notwendig.

Im Rahmen dieses Buches ist es aber nicht möglich, die Ausbildungsschritte eines Geländepferdes in allen Einzelheiten darzustellen. Es können daher nur einige Hinweise gegeben werden, wie man vorgehen kann, um ein Pferd auf das Reiten im Gelände vorzubereiten.

PRAXISTIP

Lesen Sie Fachliteratur und bilden Sie sich durch Lehrgänge und Kurse weiter. Denn falsche Vorgehensweisen können mehr schaden als nutzen!

BODENARBEIT ZUR VERTRAUENSBILDUNG

Unter Bodenarbeit versteht man das Basistraining an der Hand, also das Führen des Pferdes vorwiegend in der Reitbahn. Es fördert in erster Linie das Vertrauen zwischen Mensch und Pferd, steigert aber auch Gehorsam und Lernbereitschaft des Pferdes. Viele Dinge, die an der Hand gut klappen, funktionieren dann meist auch beim Reiten. Der Mensch lernt auf diese Weise sein Pferd besser kennen, kann er es doch genau beobachten und auch Reaktionen sehen, die er im Sattel gar nicht bemerkt hätte. Zudem lernt er, seine eigene Körperhaltung und seine Bewegungen richtig einzuschätzen und einzusetzen. Das Pferd trägt bei der Bodenarbeit ein stabiles Halfter mit einem Führstrick oder einer Führkette. Man beginnt mit Grundübungen wie dem Führen am durchhängenden Führstrick sowohl von links als auch von rechts, dem Antreten und Anhalten, dem Stillstehen sowie Kehrtwenden und Rückwärtsrichten. Die Führperson gibt hierzu die entsprechenden Stimmkommandos und unterstützt diese anfangs durch kurzes Annehmen des Stricks beziehungsweise der Kette und durch schmerzloses Touchieren mit einer Gerte, die als verlängerter Arm fungiert. Später sollte das Pferd diese Übungen auch ohne Touchierhilfen, also nur aufgrund der gegebenen Kommandos ausführen können.

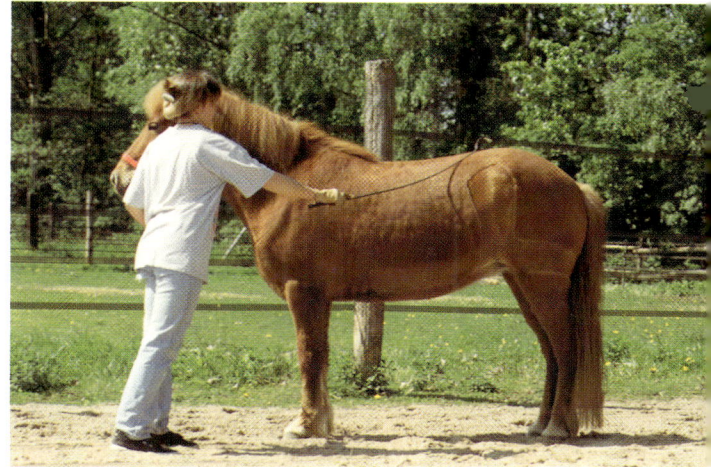

Zum Antreten wird das Pferd mit der Gerte leicht touchiert.

Erweitern lassen sich diese Basisübungen durch verschiedene Bodenhindernisse wie am Boden ausgelegte Stangen, Cavalettis oder Mopedreifen, über oder durch die das Pferd treten soll. Das schult die Trittsicherheit und fördert die Huf-Auge-Koordination. Mit Stangen können viele verschiedene Hindernisse gestalten werden, wie etwa mehrere Stangen hintereinander in unterschiedlicher Höhe, die ein unebenes Gelände simulieren. Stangenlabyrinthe und Stangenzickzacks steigern die Geschicklichkeit und Beweglichkeit des Pferdes, und schmale Gassen aus Stangen bereiten das Pferd auf natürliche Engpässe im Gelände vor. Das Pferd soll lernen, hier gelassen vorwärts und rückwärts hindurchzugehen. Durch am Boden ausgelegte Plastikplanen oder Teppiche, die mit Stangen beschwert werden, können Pferde außerdem ungewöhnliche Bodenverhältnisse kennenlernen. Das Pferd soll lernen, diese Hindernisse angstfrei und ruhig zu überschreiten, später auch darauf stehenzubleiben und sich rück-

Bodenhindernisse fördern die Trittsicherheit des zukünftigen Geländepferdes.

wärtsrichten zu lassen. Mittels stabiler Bretter, die man nebeneinander auf ausgediente Reifen legt, können Pferde zudem an das dumpfe, hohle Geräusch gewöhnt werden, das später auch beim Überqueren einer Brücke im Gelände zu hören sein wird.

Alle Bodenhindernisse lassen sich prima variieren und/oder miteinander kombinieren, so daß die Arbeit in der Reitbahn nicht langweilig wird.

PRAXISTIPS

- Bedenken Sie, daß das Konzentrationsvermögen des Pferdes relativ kurz ist. Arbeiten Sie deshalb nie länger als zwanzig Minuten intensiv
- Führen Sie Ihr Pferd behutsam an ein neues Bodenhindernis heran, locken Sie es eventuell mit Leckerlis und lassen Sie ihm Zeit, es durch Beschnuppern kennenzulernen
- Üben Sie sich in Geduld und seien Sie am Anfang auch mit Teilerfolgen zufrieden
- Versuchen Sie nicht, Ihrem Pferd durch langandauerndes Üben etwas „einzutrichtern". Das ist wenig sinnvoll, weil das Pferd dadurch die Lust am Lernen verlieren kann
- Vergessen Sie nicht Ihr Pferd zu loben! Auch kleine Lernfortschritte sollten stets belohnt werden
- Füttern Sie Ihrem Pferd aber möglichst keine Leckerlis aus der Tasche! Es ist dann abgelenkt, knabbert ständig an Ihnen herum oder fängt unter Umständen sogar an zu schnappen
- Beenden Sie das Training immer mit einem Erfolgserlebnis für das Pferd. Das fördert Vertrauen und Motivation zugleich

SPAZIERGÄNGE UND HANDPFERDEREITEN ZUM KENNENLERNEN DES GELÄNDES

Sobald das Pferd die grundlegende Führarbeit in der Reitbahn beherrscht und seiner Führperson vertraut, sollten die ersten Spaziergänge ins Grüne erfolgen. Zunächst wird die unmittelbare Umgebung rund um den Stall erkundet, später kann man sich dann mehr und mehr in fremdes Terrain wagen und die Spaziergänge allmählich ausdehnen. Hierbei lernt das Pferd an der Hand all die Dinge im Gelände kennen, mit denen es künftig auch als Reitpferd konfrontiert wird: Spaziergänger, Fahrradfahrer, Autos und Traktoren, andere Reiter, freilaufende Hunde oder Pfützen und Äste quer über dem Weg, aber auch Mülltonnen, Sperrmüll oder Plastiktüten am Wegesrand und vieles mehr. Wenn es schon an der Hand an solche Schwierigkeiten behutsam gewöhnt wird und begreift, daß hiervon keinerlei Gefahr ausgeht, wird es dann auch beim Reiten kaum Probleme geben.

Durch die Arbeit an Bodenhindernissen in der Reitbahn hat das Pferd gelernt, bei neuen Gegenständen und Situationen oder veränderten Bodenverhältnissen nicht mit Panik und Flucht zu reagieren, sondern stehenzubleiben und sich alles genau anzuschauen. Gegebenenfalls wird es auch hingehen und den fremden Gegenstand genau untersuchen wollen. Dennoch kann es sich natürlich auch mal erschrecken oder nervös werden. In diesem Fall sollte man das Pferd anhalten, beruhigen und so lange stehenlassen, bis es sich wieder entspannt hat. Um ein plötzliches Scheuen weitgehend auszuschließen, sollte man das Pferd rechtzeitig auf die Dinge aufmerksam machen, von denen man annimmt, daß es sie noch nicht bemerkt hat. Erstarrt das Pferd aus Furcht vor irgend etwas zur „Salzsäule" und weigert es sich weiterzugehen, muß man zunächst diese Anspannung lösen, beispielsweise durch Kraulen im Nackenbereich. Dann erst kann es dazu gebracht werden, seinen Kopf zu senken und den vermeintlich gefährlichen Gegenstand zu beschnuppern.

Wenn das Pferd nun sicher an der Hand mitläuft, kann man dazu übergehen, auch längere Strecken zu traben und es an schwierigere Aufgaben wie das Passieren von Wasserstellen oder das Überqueren einer Brücke heranführen. Hierbei sollte man sich den Herdentrieb des Pferdes zunutze machen und die ersten Male ein erfahrenes und befreundetes Pferd vorangehen lassen. Das gilt auch für die Gewöhnung an den Straßenverkehr sowie für sehr junge Pferde, die sich bei ihren ersten Ausflügen ins Gelände in Begleitung eines vertrauten Weidekumpels sicherer fühlen.

Schon junge Pferde können an der Hand auf das Geländereiten vorbereitet werden.

PRAXISTIPS

· Tragen Sie bei der Führarbeit immer Handschuhe! Das gilt vor allem für das Gelände
· Sorgen Sie dafür, daß Ihr Pferd von Anfang an ein angenehmes Gefühl und ein positives Erlebnis mit den Ausflügen ins Gelände verbindet
· Zerstören Sie nicht durch Ungeduld mühsam aufgebautes Vertrauen! Lassen Sie Ihrem Pferd Zeit, sich alles genau anzuschauen und kennenzulernen
· Versuchen Sie nicht, Ihr Pferd zu etwas zu zwingen! Wenn es bei der ersten Bachdurchquerung noch nicht hindurchgehen will,

so machen Sie kein Drama daraus und zerren Sie nicht stundenlang an Ihrem Pferd herum. Denn das führt zu einem Vertrauensverlust und einem nachhaltigen Trauma beim Pferd. Ansichten, wonach man sich unbedingt beim ersten Versuch durchsetzen müsse, sonst hätte man für immer verspielt, sind völliger Unsinn! Seien Sie also zufrieden, wenn Ihnen Ihr Pferd beim erstenmal vertrauensvoll bis zum Bachrand folgt und seinen Kopf senkt, um an dem fließenden Gewässer zu schnuppern. Wenn Sie es dann loben und die Übung beenden, wird es Ihnen am nächsten Tag sicher schon ein oder zwei Schritte weiter hinein folgen. Seien Sie aber auch darauf gefaßt, daß es plötzlich auf Sie zuspringt, weil es glaubt, daß die Stelle, an der Sie stehen, die sicherste ist!

Geländetraining mit Handpferd

Eine sehr gute Möglichkeit dem Jungpferd seine Umwelt zu zeigen, ist das Handpferdereiten. Hierzu ist es allerdings erforderlich, daß man ein absolut gelände- und verkehrssicheres Führpferd hat, das sich auch einhändig reiten läßt. Beide Pferde müssen sich schon gut kennen, so daß es unterwegs nicht zu Reibereien kommt, und das Handpferd muß eine solide Führausbildung vom Boden aus erhalten haben.

Sind diese Voraussetzungen erfüllt, übt man das Handpferdereiten zunächst wieder in der Reitbahn ein, bevor man ins Gelände geht. Hierbei muß das Handpferd lernen, auf Schulterhöhe des Führpferdes mitzulaufen, ohne vorzustürmen oder zurückzubleiben. Außerdem muß ihm beigebracht werden, auf entsprechende Kommandos und Zeichen hin gleichzeitig anzutreten und anzutraben, durchzuparie-

ren und anzuhalten, abzuwenden und sich bei Engpässen hinter dem Führpferd einzuordnen.

Klappt das alles, geht's hinaus in die Natur, wobei Streckenlänge und Schwierigkeitsgrade wiederum allmählich gesteigert werden sollten, um das Handpferd nicht zu überfordern. An der Seite eines vertrauten Artgenossen kann das junge Pferd nun das Gelände kennenlernen, ohne sich groß aufzuregen. Befürchtungen, man erziehe sein Pferd dadurch zu einem „Kleber", sind in der Regel unbegründet. Denn die meisten Kleber entstehen nicht aus einer anfänglich sinnvollen Arbeit mit Führpferd, sondern aus mangelndem Vertrauen zum Menschen und der damit verbundenen Unsicherheit in fremdem Gebiet. Das gilt übrigens auch für die ersten Ausritte, bei denen man sich idealerweise zunächst eines älteren, abgeklärten Lehrpferdes bedienen sollte. In seiner Begleitung kann das junge Pferd genügend Selbstbewußtsein entwickeln, um sich später auch alleine sicher im Gelände zu fühlen.

DIE ERSTEN AUSRITTE

Sobald das Pferd an Zaumzeug und Sattel gewöhnt ist und in der Reitbahn die grundlegenden reiterlichen Hilfen zum Antreten, Abwenden und Anhalten gelernt hat, kann man schon die ersten kleinen Ausflüge in die nähere Umgebung unter dem Sattel unternehmen. Sofern das Pferd bereits durch Spaziergänge oder als Handpferd aufs Gelände vorbereitet wurde, wird es seine neue Aufgabe furchtlos bewältigen und willig dem Begleitpferd folgen.

Um das Pferd nicht zu überlasten, sollten die ersten Ausritte jedoch nicht länger als zwanzig Minuten dauern und vorwiegend im Schritt zurückgelegt werden. Der erste Trab sollte erst beim dritten- oder viertenmal auf einer geraden und übersichtlichen Strecke probiert werden. Galoppieren sollte man die ersten Wochen noch gar nicht, sondern erst dann, wenn das Pferd sich bereits sicher im Schritt und Trab bewegt und sich problemlos durchparieren läßt. Auch das Reiten im Straßenverkehr und andere schwierige Aufgaben wie das Überqueren von Brücken werden möglichst auf einen späteren Zeitpunkt verlegt, bis das Pferd genügend Selbstvertrauen hierfür gewonnen hat. Wo ein Ausweichen nicht möglich ist, sollte der Reiter bei solchen Begebenheiten die erste Zeit absitzen und sein Pferd führen. Bei dieser Gelegenheit lernt es dann auch

gleich, ruhig stehenzubleiben, wenn der Reiter im Gelände auf- und absitzt.

Wenn man künftig mit dem Pferd die ersten Ausflüge alleine unternimmt, sollte man ebenfalls auf das Führen zurückgreifen, wenn das Pferd kurzfristig seinen Mut verliert und sich weigert weiterzugehen oder in bestimmten Situationen überfordert ist und nervös wird.

Das ist kein Rückschritt, sondern fördert das Vertrauen zum Menschen und damit sein Selbstvertrauen. Wenn das Pferd also beispielsweise nicht sofort an den Silageballen, die am Feldrand liegen, vorbeigehen will, so riskiert man nur einen Vertrauensverlust, falls man es mit Gewalt daran vorbeizutreiben versucht. Steigt man jedoch vom Pferd und zeigt ihm die Ungefährlichkeit, indem man es hinführt, wird es sich das nächste Mal sicher auch vorbeireiten lassen, und irgendwann wird es die Silageballen gar nicht mehr beachten. Gleichzeitig hat es noch etwas sehr Wichtiges

Bei den ersten Ausritten ist ein Führpferd sehr hilfreich.

Angsteinflößende Gegenstände verlieren durch Beschnuppern ihren Schrecken.

gelernt: Neue Dinge oder Situationen bedeuten auch unter dem Sattel und ohne Führpferd keine unmittelbare Gefahr und geben somit keinen Anlaß zur Panik oder Flucht. Nun kann man sich sicher sein, daß das Pferd auch in Zukunft bei unbekannten Gegenständen oder Situationen niemals kopflos durchgehen, sondern sich stets damit auseinandersetzen wird. Wenn man das erreicht hat, ist die Grundlage für ein Pferd geschaffen, das sich im weiteren Verlauf seiner Ausbildung allen Situationen gewachsen fühlen wird und auf das man sich dann immer verlassen kann. Bis es aber soweit ist, bedarf es noch viel Geduld und vor allem Übung. Dann aber kann man die Früchte seiner Anstrengung wirklich entspannt genießen.

PRAXISTIPS

· Wenn Ihnen kein Führpferd zur Verfügung steht, können Sie auch eine Freundin oder einen Freund bitten, Sie auf dem Fahrrad zu begleiten. Das Pferd akzeptiert den Fahrradfahrer als „Ersatz-Artgenossen" allerdings nur, wenn es die Person gut kennt und ihr vertraut

· Steigern Sie allmählich die Länge der Ausritte und führen Sie auf größeren Touren zwischendurch, um den Pferderücken zu entlasten

· Galoppieren Sie die ersten Male nicht auf freien Feldern oder Wiesen, sondern nur auf begrenzten Wegen hinter dem Lehrpferd

· Setzen Sie immer wieder Ihre Stimme als Ausbildungshilfe ein. Sie kann nicht nur Kommandos geben, sondern auch aufmerksam machen, aufmuntern oder beruhigend wirken, lobend oder tadelnd sein

· Denken Sie daran, daß Aufregung, Überforderung, Unwohlsein, mangelndes Vertrauen und falsche oder uneindeutige Hilfengebung zu Widersetzlichkeiten führen können

· Tadeln Sie nur bei einer echten Ungezogenheit! Im Zweifel nie, sondern gehen Sie den Ursachen auf den Grund

· Tadeln Sie stets bewußt und nie aus einer Verärgerung heraus!

· Ein Tadel muß außerdem immer unmittelbar nach einer Widersetzlichkeit erfolgen, weil das Pferd nur innerhalb der ersten Sekunden einen Bezug herstellen kann

· Bedenken Sie, daß man mit Tadeln ein Pferd eher dazu bringen kann, etwas nicht zu tun, weniger dazu, etwas zu tun!

GELÄNDETRAINING IN DER REITBAHN

Neben der Ausbildung im Gelände sollte das Pferd auch mindestens ein- bis zweimal pro Woche in der Reitbahn gearbeitet werden, um es an die Reiterhilfen zu stellen, es regelmäßig zu gymnastizieren, die Hinterhand zu aktivieren und es durch das Reiten von Bahnfiguren wie Volten oder Schlangenlinien wendiger und durchlässiger zu machen.

Beherrscht das Pferd die grundlegenden Lektionen, sollte man auch das Reiten in der Gruppe üben. Das ist für spätere Gemeinschaftsausritte von großer Bedeutung, weil vor allem junge Pferde damit am Anfang Probleme haben. So muß das Pferd lernen, an jeder Position der Gruppe zu gehen und dabei den richtigen Abstand einzuhalten. Auch paarweise nebeneinander herzureiten, einzeln voneinander fortzureiten, zu überholen sowie sich überholen zu lassen und aneinander vorbeizureiten sind Übungen, die eines intensiven Trainings bedürfen.

Andere geländerelevante Übungen wie das Öffnen eines Tores vom Sattel aus oder das Auf- und Absitzen von beiden Seiten lassen sich ebenfalls gut in der Reitbahn trainieren. Sinnvoll ist es auch, wenn das Pferd auf das Springen kleiner Naturhindernisse vorbereitet wird, indem man auf dem Reitplatz das richtige Taxieren und flüssige Überspringen von Cavalettis oder Strohballen einübt.

Schließlich kann man im fortgeschrittenen Ausbildungsstadium auch die Bodenhindernisse aus dem Bodenarbeitsprogramm vom Sattel aus durchlaufen. Sofern das Pferd diese

Aufgaben schon von der Führausbildung kennt, dürfte es nun kein Problem sein, über Stangen, Reifen oder Plastikplanen sowie durch künstliche Engpässe, Labyrinthe oder Flattervorhänge zu reiten. Dieses Geschicklichkeitsreiten ist ein sehr gutes „Trockentraining" fürs Gelände. Denn es macht das Pferd trittsicherer, aufmerksamer und bereitet es auf schwierige Bodenverhältnisse, Geländehindernisse und außergewöhnliche Situationen in der Natur bestens vor.

Das Nebeneinanderreiten übt man zunächst auf dem Reitplatz.

Simulation von außergewöhnlichen Bodenverhältnissen

Der Geländereiter sollte über die Reitregeln seiner Region Bescheid wissen.

REITRECHT UND REIT-VERHALTEN IM GELÄNDE

Das Reiten im Wald und in der übrigen freien Landschaft ist das Herzstück des Geländereiters – gibt es doch nichts Schöneres als durch schattige Wälder zu traben oder im spritzigen Galopp über ein Stoppelfeld zu preschen. Auch für die Pferde sind Ausritte die natürlichste Art, sich unter dem Reiter abwechslungsreich und in allen Gangarten fortzubewegen. Doch ist mit dem Ritt in die Natur auch ein hohes Maß an Verantwortungsbewußtsein verbunden, und das nicht nur sich selbst und seinem Pferd gegenüber.

Denn die Reiter müssen sich Wald- und Feldwege mit Spaziergängern, Radlern, Jägern und Forstleuten sowie Landwirten teilen, was sowohl Rücksichtnahme gegenüber den Mitbenutzern als auch Kenntnisse über bestehende Gesetzesverordnungen einschließt.

REITGESETZE IM WALD UND IN DER ÜBRIGEN LANDSCHAFT

Bis 1975 war das Reiten in deutschen Wäldern grundsätzlich verboten und nur dort erlaubt, wo es ausdrücklich gestattet war. Durch das Bundeswaldgesetz wurde dieses generelle Reitverbot zwar aufgehoben und alle öffentlichen Wege und Straßen im Wald für Reiter freigegeben, doch erhielten die einzelnen Bundesländer mit dem Satz: „Das Nähere regeln die Länder", die Möglichkeit, eigene Vorschriften zu erlassen. Jedes der insgesamt 16 Bundesländer hat heute sowohl ein Waldgesetz als auch unterschiedliche Regelungen zum Reiten in Feld und Flur, die in der Tabelle 1 aufgeführt sind. Die entsprechenden Gesetzestexte kann man sich bei der zuständigen Umweltbehörde, dem Landratsamt und Forstamt oder dem jeweiligen Landesministerium für Forsten und Landwirtschaft besorgen, um genau zu erfahren, was in dem betreffenden Bundesland erlaubt und was verboten ist.

Grundsätzlich ist das Reiten auf allen öffentlichen Wegen und Straßen erlaubt, wo kein Verbotsschild steht, und selbstverständlich auf den mit Schildern ausgewiesenen Reitwegen.

TABELLE 1: GESETZLICHE REGELUNGEN FÜR DAS REITEN IN WALD UND FLUR

BUNDESLÄNDER	WALDGESETZE NATUR-UND LANDSCHAFTS-SCHUTZGESETZE	Reiten im Wald	Beschränkungen für das Reiten im Wald	Reiten in Feld u. Flur	Beschränkungen für das Reiten in Feld und Flur	Reitplaketten Sonstiges
Baden-Württemberg Ministerium für ländlichen Raum, Ernährung, Landwirtschaft und Forsten Postfach 10 34 44, 70029 Stuttgart Tel. 0711/126-0, Fax 0711/126255	Landeswaldgesetz 1995, §§ 37, 39 Naturschutzgesetz 1995 Verwaltungsvorschrift des Innenministeriums zur Straßenverkehrsordnung zu § 28, Reiten auf Feld- und Wanderwegen, 1981	Ja	Wanderwege schmaler als 3 m, Fußgänger und Radwege, Sport- und Lehrpfade, Ballungsräume/Schutzgebiete: nur ausgewiesene Reitwege	Ja	Z.T. nur auf ausgewiesenen Wegen, Wanderwege schmaler 3 m, Sport- und Lehrpfade. Abgeerntete Felder/Wiesen und Heideflächen	Gelbe Plaketten Ballungsräume mit ausgewiesenen Reitwegen (DM 100/Jahr/Pferd) Grüne Plakette außerhalb Ballungsräumen (freiwillig)
Bayern Bayerisches Staatsministerium für Ernährung, Landwirtschaft und Forsten Postfach 22 00 12, 80535 München, Tel. 089/2182-0, Fax 089/2182-677	Bayerisches Naturschutzgesetz 1982	Ja	Z.T. nur auf bes. ausgewiesenen **Reitwegen u. bestimmten Zeiten** z.T. Genehmigung einholen. Fuß-, Radwege, Sport- und Lehrpfade	Ja	Teilweise nur auf besonders ausgewiesenen Wegen und Flächen, sonst auf allen öffentlichen Straßen und Wegen ohne Beschränkung	Z.T. (regional verschieden) (DM10/Pferd, einmalig) Regelung: Naturschutzbehörden
Berlin Senatsverwaltung für Wirtschaft und Technologie Martin-Luther-Str. 105, 10825 Berlin Tel. 030/7831, Fax 030/783-8455	Waldgesetz 1979 Musterlandschaftsschutzverordnung 1970 Gesetz über Naturschutz und Landschaftspflege Berlin 1979	Ja	Nur auf ausgewiesenen Wegen und Straßen Reitwegnetz Berlin ca. 200 km	Ja	In Landschaftsschutzgebieten (Berlin-Gatow) nur auf ausgewiesenen Reitwegen	Ganz Berlin (DM 110/Jahr/Pferd) Feldplak. Naturschutzgebiet (DM 40/Jahr/Pferd)
Brandenburg Ministerium für Ernährung, Landwirtschaft und Forsten des Landes Brandenburg, Heinrich-Mann-Allee 103, 14473 Potsdam, Tel. 0331/866-0 Fax 0331/866-4005	Waldgesetz des Landes Brandenburg 1991 Gesetz über Naturschutz und Landschaftspflege 1992 Landesjagdgesetz 1992	Ja	Nur auf ausgewiesenen Wegen und Straßen	Ja	Bisher noch keine Einschränkungen auf öffentlichen Straßen und Wegen	Zum Teil (DM 36/Person, einmalig und unbefristet)
Bremen Senatsverwaltung für Wirtschaft, Mittelstand und Technologie Postfach 10 15 29, 28015 Bremen Tel. 0421/361-6660	Naturschutzgesetz 1979 Feldordnungsgesetz 1976		Reiten in Naturschutzgebieten z.T. verboten (z.B. Wümmewiesen) z.T. nur auf ausgewiesenen Reitwegen (Bürgerpark) Reiten auf Feldern, Geh- und Radwegen verboten			
Hamburg Wirtschaftsbehörde für Ernährung, Land-wirtschaft und Marktwesen Postfach 11 21 09, 20421 Hamburg Tel. 040/3504-0, Fax 040/2504-1620	Landeswaldgesetz Hamburg 1978 Gesetz zum Schutz von Flur und Forst 1970 Gesetz über Naturschutz und Landschaftspflege 1981	Ja	In Natur- und Landschaftsschutz gebieten nur auf ausgew. Wegen Wanderwege, Sport- und Lehrpfade, Fuß- und Radwege	Ja	Private Flächen und Wege nur mit Genehmigung und in Absprache mit dem Eigentümer	Freiwillig (DM 20/Pferd, einmalig)
Hessen Ministerium für Landesentwicklung, Woh-nen, Landwirtschaft, Forsten u. Naturschutz Postfach 3127, 65921 Wiesbaden Tel. 0611/8171-1, Fax 0611/841649	Forstgesetz 1978 Verordnung über das Betreten des Waldes und das Reiten und Fahren im Wald, 1980 Hessisches Gesetz über Naturschutz und Landschaftspflege 1980	Ja	In Ballungsräumen auf ausge wiesenen Reitwegen u. -pfaden Wege <2 m Breite verboten Wege >2 m Breite nur mit Verbots-kennzeichnung	Ja	Es dürfen alle öffentlichen Straßen und Wege betreten werden, die nicht mit einem Ver-botsschild der StVO ausgewiesen sind.	Private Pferdehalter z.T., Reitvereine generell (DM 10/Person, einmalig)
Mecklenburg-Vorpommern Landesministerium des Landes Mecklen-burg-Vorpommern Postfach 544, 19048 Schwerin Tel. 0385/588-0, Fax 0385/588-6024	Landeswaldgesetz 1993 Reiten am Meeresstrand: Wassergesetz des Landes Mecklenburg-Vorpommern 1992	Ja	Reiten nur auf ausgewiesenen Wegen. Alle anderen Wege im Wald sind verboten	Ja	Z.Zt. dürfen alle öffentlichen Straßen und Wege betreten werden. Am Strand nur die ausgewiesenen Flächen	Generell: nein In einigen Kreisen und kreisfreien Städten: ja (z.T. in der Bearbeitung)
Niedersachsen Niedersächsisches Ministerium für Ernährung, Landwirtschaft und Forsten Postfach 243, 30002 Hannover Tel. 0511/1201, Fax 0511/1202152	Feld- und Forstordnungsgesetz 1984 Naturschutzgesetz 1993	Jja	Wege ohne Kennzeichnung, die nur eine Fahrspur aufweisen. Fuß-, Radwege, Sport-, Lehrpfade	Ja	siehe Beschränkungen „Wald"	Nein

BUNDESLÄNDER	WALDGESETZE NATUR-UND LANDSCHAFTS-SCHUTZGESETZE	Reiten im Wald	Beschränkungen für das Reiten im Wald	Reiten in Feld und Flur	Beschränkungen für das Reiten in Feld und Flur	Reitplaketten Sonstiges
Nordrhein-Westfalen Ministerium für Umwelt, Raumordnung und Landwirtschaft des Landes Nordrhein-Westfalen, 40180 Düsseldorf Tel. 0211/4566-0, Fax 0211/456-6388	Waldgesetz 1981, 1988 Landschaftsschutzgesetz 1994	Ja	Gebiete mit hohem Pferdebestand nur ausgewiesene Wege: Sport- und Lehrpfade Ausgewiesene Wanderwege: Fuß- und Radwege	Ja	Es dürfen alle öffentlichen Straßen und Wege beritten werden, die nicht mit einem Verbotsschild der StVO ausgewiesen sind.	Privatpferdebesitzer (DM 60,-/Jahr/Pferd) Reitvereine (DM 160,-/Jahr/Pferd)
Rheinland-Pfalz Ministerium für Landwirtschaft, Weinbau und Forsten, Postfach 3240, 55022 Mainz Tel. 06131/163554, Fax 06131/162644	Landesforstgesetz 1977 und 1983 Landesplanungsgesetz 1966 Landespflegegesetz 1979 Verwaltungsvorschrift für das Reiten im Wald z. Zt. in Überarbeitung (Stand 3/98)	Ja	Naturparks und Naturschutzgebiete nur auf ausgewiesenen Reitwegen. Fuß- und Wanderwege (Ausnahmen sind möglich)	Ja	In Naherholungsgebieten nur auf ausgewiesenen Reitwegen. Fuß- und Wanderwege Fahrradwege	Nein
Saarland Ministerium für Wirtschaft Postfach 10 24 54 66024 Saarbrücken Tel. 0681/753901, Fax 0681/753946	Waldgesetz 1977 Gesetz über den Schutz der Natur und die Pflege der Landschaft 1979 Verordnung über das Reiten im Wald 1979	Ja	In Ballungsräumen, Naturschutzgebieten und Gebieten mit hohem Pferdebestand z.T. nur auf ausgewiesenen Reitwegen Fuß-, Radwege, Sport-, Lehrpfade	Ja	In Naturschutzgebieten bestehen z.T. Beschränkungen bzw. Verbote.	Ja (DM 30,-/Jahr/Pferd)
Sachsen Sächsisches Staatsministerium für Landwirtschaft, Ernährung und Forsten Postfach 10 05 50, 01075 Dresden Tel. 0351/5640, Fax 0351/5646780	Waldgesetz des Freistaat Sachsen 1992 Sächsisches Gesetz über Naturschutz und Landschaftspflege 1992 Reitwegeverordnung von 1994	Ja	Reiten im Wald nur auf ausgewiesenen Reitwegen	Ja	Z.T. nur auf ausgewiesenen Straßen, Wegen und Flächen. Wanderwege, Fuß- und Radwege, Sport- und Lehrpfade	Ja (DM 100,-/Jahr/Pferd)
Sachsen-Anhalt Ministerium für Raumordnung, Landwirtschaft und Umwelt des Landes Sachsen-Anhalt Postfach 3760, 39012 Magdeburg Tel. 0391/56701, Fax 0391/567127	Waldgesetz 1994 Naturschutzgesetz des Landes Sachsen-Anhalt 1992 Feld- und Forstordnungen	Ja	Reiten im Wald z.T. nur auf ausgewiesenen Reitwegen und auf Wegen, deren Beschaffenheit (Breite, Befestigung) keine Schäden erwarten läßt.	Ja	Beschränkungen wie "Wald". Die einzelnen Kommunen legen für ihren Einflußbereich das Reitwegenetz fest. Absprachen mit den Gemeinden	Nein
Schleswig-Holstein Ministerium für Ernährung, Landwirtschaft, Forsten und Fischerei, Düsternbrooker Weg 104, 24105 Kiel Tel. 0431/596-1, Fax 0431/596-4401	Waldgesetz 1983 Landesnaturschutzgesetz 1993 Runderlaß "Reiten in Wald und Flur" 1994 (landesweites Reitwegenetz)	Ja	Z.T. nur auf ausgew. Reitwegen (Reitwegenetz, Runderlaß) Ungesicherte Waldwege, Fuß-, Radwege, Sport-, Lehrpfade. Priv. Wege nur mit Abspr. des Bes.	Ja	Nur Straßen und Wege, die ausdrücklich verboten sind. Priv. Wege nur mit Absprache Bes., Reiten am Strand grds. erlaubt, außer Badestrände, Dünen, Deiche ausgew. Schutzzonen	Freiwillig (DM 20,-/Person, einmalig)
Thüringen Ministerium für Ernährung, Landwirtschaft, Forsten und Fischerei des Landes Thüringen, Postfach 1003, 99021, Erfurt Tel. 0361/5290, Fax 0361/6421657	Thüringisches Waldgesetz 1994 Thüringisches Naturschutzgesetz 1993	Ja	Unbefristet Waldwege. Ausgewiesen verbotene Wege. Fuß-, Radwege, Sport-, Lehrpfade	Ja	Beschränkungen wie "Wald"	Z. Zt. in Vorbereitung (Stand 3/98)
Deutschland Bundesministerium für Umwelt und Naturschutz Postfach 12 06 29, 53113 Bonn Tel. 0228/305-0, Fax 0228/305-3225 Bundesamt für Naturschutz Konstantinstr. 100, 53179 Bonn Tel. 0228/8491-0, Fax 491200	Bundeswaldgesetz von 1984 Gesetz über Naturschutz und Landschaftspflege (Bundesnaturschutzgesetz, BNatSchG) von 1987 Straßenverkehrsordnung (StVO §§ 28, 46)		Das Bundeswaldgesetz erlaubt das Reiten im Wald grundsätzlich auf allen öffentlichen Wegen und Straßen. Einschränkungen durch den Hinweis "Das Nähere regeln die Länder". In Wald, Feld und Flur gilt auf allen öffentlichen Wegen die Straßenverkehrsordnung (§§ 28 und 46)			

Untersagt ist das Reiten in ganz Deutschland abseits von Wegen und Straßen, in Sperrgebieten, auf Staudämmen, auf Fuß- und Radwegen sowie zumeist auf beschilderten Wanderwegen und Trimm-Dich- oder Waldlehrpfaden. In Natur- und Landschaftsschutzgebieten darf man nur auf ausgewiesenen Reitwegen reiten, und auch in Erholungsgebieten oder in touristisch genutzten Bereichen wie etwa am Meeresstrand ist das Reitrecht häufig stark eingeschränkt oder unterliegt strengen Vorschriften. Selbst das Reiten auf abgemähten Wiesen und Stoppelfeldern bedarf eigentlich der Erlaubnis des jeweiligen Landwirts. In der Regel kann man aber von einem stillschweigenden Einverständnis ausgehen, solange man keinen Flurschaden anrichtet.

In den meisten Bundesländern besteht außerdem eine Kennzeichnungspflicht mit einem kleinen, im allgemeinen gelben Nummernschild, das am Zaumzeug oder Sattel sichtbar anzubringen ist. In einigen Regionen ist diese Reitplakette mit einer Reitabgabe zur Instandhaltung der Reitwege verbunden.

Bundesweit einheitlich ist lediglich die Beschilderung für Reiter auf öffentlichen und befestigten Wegen und Straßen. Das Reiterlaubnisschild ist rund und blau mit einem weißen Reiter in der Mitte, das Reitverbotsschild rund und weiß mit einem roten Rand und einem schwarzen Reiter in der Mitte. In Wald und Flur werden die für Reiter gestatteten Wege und Pfade oder eigens angelegte Reitwege meist mit viereckigen, weißen Schildern gekennzeichnet, auf denen ein schwarzes Hufeisen abgebildet ist. Die Ver-

Eine Reitplakette muß gut sichtbar angebracht sein.

botsschilder haben zusätzlich einen gelben Rand sowie ein gelbes Kreuz, das das Hufeisen durchstreicht. Auch Privatwege sind in der Regel mit Schildern markiert, die für Reiter ebenfalls tabu sind, sofern der jeweilige Eigentümer das Reiten nicht ausdrücklich gestattet. Schließlich können bestimmte Waldgebiete wegen Baumfällarbeiten durch entsprechende Hinweisschilder zeitweise gesperrt sein.

In staatlichen Wäldern hat der jeweils zuständige Revierförster das Sagen, das heißt er ist berechtigt, bei Ordnungswidrigkeiten von Reitern die Personalien festzustellen und Bußgelder zu verhängen. Allerdings muß der Förster aufgrund seiner Uniform als solcher erkennbar sein oder sich entsprechend ausweisen können. Der Förster hat jedoch nicht das Recht, nötigende Handlungen auszuüben. So braucht man sich keinesfalls gefallen zu lassen, daß der Weg versperrt, das Pferd festgehalten oder man gezwungen wird, abzusitzen. Selbstverständlich darf der Förster auch nicht von seiner Waffe Gebrauch machen oder

Wird man vom Förster auf einem verbotenen Weg erwischt, droht ein Bußgeld.

gen, um Ärger und Konflikte sowie Reitverbote zu vermeiden. Es gibt aber auch Förster, die am liebsten alle Reiter aus dem Wald verbannen würden, wenn sie könnten. Sie lehnen jede Zusammenarbeit mit Reitern ab und lassen sich nicht auf Kompromisse oder Diskussionen ein, sondern nutzen jede Gelegenheit, um das Reitvergnügen im Wald zu trüben. Jeder kleine Verstoß wird dann auch sofort als Ordnungswidrigkeit geahndet, ohne daß plausible Erklärungen von seiten der Reiter berücksichtigt werden.

direkt oder indirekt damit drohen. Solche Vorfälle sollten unverzüglich angezeigt werden (Ort, Datum und Uhrzeit notieren!). Da jedoch bei einer gerichtlichen Auseinandersetzung dem Forstbeamten meist mehr Glauben geschenkt wird als dem Reiter, wäre es sehr hilfreich, für eine solche Nötigung oder Drohung Zeugen benennen zu können. Das können Mitreiter sein oder auch Spaziergänger, die den Vorfall eventuell beobachtet haben.

Prinzipiell sollte man natürlich versuchen, mit dem zuständigen Revierförster ein gutes Verhältnis zu haben. Viele Forstbeamte haben Verständnis für die Belange der Geländereiter und arbeiten im Idealfall sogar - meist über die örtlichen Reitvereine - mit ihnen zusammen. Die Förster wissen auch genau, daß Pferdehufe den Waldwegen weitaus weniger schaden als Traktoren, Forstautos oder Holzschlepper - zumindest solange man umsichtig reitet und nicht etwa mit einer ganzen Horde Reiter über einen frisch angelegten oder vom Regen aufgeweichten Weg galoppiert. Auch Rücksichtnahme gegenüber den anderen Wegbenutzern gehört zu den reiterlichen Bemühun-

PRAXISTIPS

· Informieren Sie sich über das Reitwegerecht Ihres Bundeslandes und halten sich an die Regelungen
· Reiten Sie nicht abseits der Wege und nehmen Sie stets Rücksicht auf die Bodenbeschaffenheit und andere Wegbenutzer
· Müssen Sie aus triftigem Grund (wenn beispielsweise der Reitweg unpassierbar ist) auf einen unerlaubten Weg ausweichen, steigen Sie ab und führen Sie Ihr Pferd am äußersten Rand oder Grünstreifen
· Nehmen Sie Kontakt zu Ihrem zuständigen Revierförster auf, um Konflikte von vorneherein auszuschließen
· Bedenken Sie, daß der Förster eine Amtsperson ist. Bleiben Sie bei Auseinandersetzungen sachlich, lassen Sie sich nicht provozieren und zu Beleidigungen (Beamtenbeleidigung!) oder gar Handgreiflichkeiten hinreißen!

GELÄNDEREITEN UND UMWELTSCHUTZ

Das Geländereiten und der Schutz der Natur stehen keineswegs im Gegensatz zueinander, sofern der Reiter Rücksicht auf die Tier- und Pflanzenwelt nimmt. Schließlich ist das Reiten eine der ältesten Fortbewegungsarten der Menschen, das im Unterschied zu den Kraftfahrzeugen der Natur über viele Jahrhunderte nicht geschadet hat.

Dennoch müssen von den Geländereitern gewisse Regeln eingehalten werden. Selbstverständlich sollte sein, daß man zu Pferde nicht raucht oder unterwegs bei einer Rast Abfälle einfach wegwirft, sondern diese zu Hause entsorgt. Umweltverschmutzungen oder Flurschäden, die man beim Ausreiten bemerkt, sollten unverzüglich dem zuständigen Forstamt gemeldet werden. Ferner darf man nicht abseits des Weges quer durch den Wald reiten, weil hierdurch Wildpflanzen oder forstwirtschaftliche Neuanpflanzungen zerstört oder im Boden verborgene Kleintiere wie Ameisen getötet werden können. Nicht bewirtschaftete Wiesen auf Waldlichtungen dienen als Äsungsflächen für das Wild, die man nicht unnötig zertrampeln muß und - wenn überhaupt - nur im Schritt am Rand bereiten sollte. Zu den Hauptäsungszeiten am frühen Morgen und Abend sollten Waldwiesen nach Möglichkeit ganz gemieden werden, um das Wild nicht beim Fressen zu stören.

Ganz besonders große Aufmerksamkeit gilt den Wildtieren im Frühling, wenn die Jungtiere geboren werden. Im Mai kommen die Rehkitze zur Welt, deren Geburtsstätten sich in hochgewachsenen Heuwiesen und

Rücksicht ist in Biotopen und Naturwaldreservaten geboten.

Kornfeldern befinden. Das ist einer der Gründe, weshalb man nur auf abgemähten Wiesen und abgeernteten Feldern reiten darf. Aber auch andere Wildtiere und Bodenbrüter haben hier ihre Nester. An den Ufern von Seen, Weihern und Flüssen brüten im Frühjahr Wasservögel, die in dieser Jahreszeit beim Ausreiten gemieden werden sollten. Nach der Erntezeit bieten nur noch stillgelegte Flächen dem Wild Zuflucht und Schutz, und im Winter dienen diese sogenannten Wildäcker

Im Frühjahr sollte man Uferwege nicht betreten.

pflanzen kundig macht und sein Pferd nicht an pestizidverseuchten Feldrändern grasen läßt. Auch darf das Pferd nicht aus stehenden Gewässern wie Teichen oder Seen und verschmutzten oder mit Motoröl versetzten Pfützen trinken. Das Wasser von frischen, klaren Pfützen und sauberen Bächen oder Flüssen können Pferde dagegen aufnehmen. Unter Umständen müssen sie es sogar saufen, wenn z.B. bei einem Tagesritt keine andere Wasserquelle vorhanden ist, um ihren Durst zu löschen.

In den Äsungszeiten muß an den Waldrändern mit Wildwechsel gerechnet werden.

außerdem als Nahrungsquelle. Der Reiter sollte diese Rückzugsgebiete der Wildtiere respektieren und diese zu keiner Jahreszeit durchreiten.

Reiter sehen im Wald sehr viel öfter Wildtiere als Radler oder Spaziergänger. Das liegt daran, daß das Wild nur den Geruch der Pferde wittert und den Menschen meist gar nicht wahrnimmt. Daß Reiter angeblich das Wild verscheuchen sollen, ist demnach völliger Unsinn – vorausgesetzt natürlich, man verhält sich entsprechend zurückhaltend. Wenn man also Wild sichtet, sollte entweder ein Umweg geritten werden, oder man reitet vorsichtig im Schritt und ohne zu reden daran vorbei. Das ist schließlich auch im Sinne des Reiters: Denn nicht nur die Wildtiere, sondern auch die Pferde können sich erschrecken, wenn plötzlich ein Rudel Rehe durch den Wald prescht!

Nicht zuletzt sollte der Reiter auch Tierschutz gegenüber seinem Pferd betreiben, indem er sich über die in Wald und Flur vorkommenden Gift-

RICHTIGES VERHALTEN GEGENÜBER ANDEREN WEG- UND WALDBENUTZERN

Unterwegs im Gelände treffen Reiter auf eine Reihe anderer Erholungssuchender wie Wanderer, Jogger, Radler oder Inline-Skater und im Winter auch Skifahrer und Rodler. Als Reiter muß man bei solchen Begegnungen rechtzeitig zum Schritt durchparieren und mit möglichst großem Abstand vorbeireiten. Das dient auch dem Selbstschutz der Reiter, falls sich das Pferd vielleicht beim ungewohnten Anblick eines Skilangläufers oder Inline-Skaters erschreckt. Prinzipiell muß man davon ausgehen, daß alle diese Menschen pferdeunkundig sind.

Darum sollte immer damit gerechnet werden, daß sie sich gefährdend benehmen. Falsches Verhalten Reitern gegenüber ist in der Regel also kein böser Wille, sondern lediglich Unwissenheit, was man jedoch in einem kurzen Gespräch klären oder im Vorfeld schon durch Handzeichen abwenden kann. Einige Menschen haben auch

Angst vor Pferden und reagieren entsprechend unsicher. Hierauf müssen die Reiter natürlich Rücksicht nehmen und ihnen durch ein paar nette Worte die Furcht nehmen. Viele Feld- und Waldbenutzer sind den Reitern durchaus wohlgesinnt, freundlich und interessiert, während sich andere wiederum abweisend oder sogar aggressiv verhalten. Das liegt vermutlich an dem noch immer bestehenden Image vom „reichen Herrenreiter", wie es in Filmen und Fernsehserien den Zuschauern nach wie vor vermittelt wird, obwohl das Reiten schon längst zum Breitensport gehört. Da es aber meist nicht gelingt, Vorurteile in wenigen Sätzen auszuräumen, sollte man sich besser nicht auf Diskussionen einlassen und die „Anmache" einfach ignorieren. Erfahrene Geländereiter erkennen schon auf eine gewisse Entfernung die Gesinnung der Menschen, können sich darauf einstellen und entsprechend reagieren.

In Naherholungsgebieten an den Peripherien der Städte herrscht insbesondere an Sonn- und Feiertagen und bei gutem Wetter Hochbetrieb. Falls möglich sollte man an diesen Tagen solche Bereiche weiträumig umreiten. Oftmals besteht in diesen, stark frequentierten Stadtrandzonen auch ein getrenntes Wegerecht, um Konflikten vorzubeugen. Das bedeutet, daß Spaziergänger nur Fuß- und Wanderwege, Radler nur Radwege und Reiter nur Reitwege benutzen dürfen. Während sich aber die Reiter strikt an die markierten Wege halten müssen, können Fußgänger und Fahrradfahrer offensichtlich diese Vorschriften ungestraft brechen und die meist ohnehin wenigen Reitwege begehen oder befahren.

Jedenfalls ist bislang kein Fall bekannt geworden, bei dem ein Spaziergänger ein Bußgeld zahlen mußte, weil er auf einem Reitweg gewandert ist. Daß solche Situationen aber durchaus gefährlich werden können, weiß jeder Reiter, dem schon einmal auf einem schmalen Reitpfad unvermittelt ein Mountainbiker in schnellem Tempo entgegenkam. Nicht selten reagieren die Biker auch noch barsch und uneinsichtig, wenn man sie auf das Fahrverbot aufmerksam macht. Da sie aber keine Nummer tragen müssen, kann man sie leider auch nicht anzeigen. Deshalb bleibt den Reitern nichts anderes übrig, als sich auf solche unliebsamen Überraschungen einzustellen und der eigenen Sicherheit wegen zurückzustecken. In Ballungszentren müssen sich nicht nur die Reiter, sondern alle Beteiligten an die für sie vorgeschriebenen Wege halten, um Unfälle zu verhüten. Würde sich jedoch jeder Wegbenutzer rücksichtsvoll und umsichtig benehmen, könnten alle gut miteinander auskom-

Reiter müssen sich die Wege oft mit anderen Erholungssuchenden teilen.

In Ballungsgebieten existiert häufig ein sogenannter Entmischungsplan, wo nur auf ausgewiesenen Wegen geritten werden darf.

men, und dann bräuchte es derartige sogenannte Entmischungsregelungen nicht zu geben!

Mit den vor Ort ansässigen Landwirten sollte man es sich nicht verscherzen, indem man beim Vorbeireiten Rüben- oder Maisfelder „plündert" oder mutwillig über ein frisch eingesätes Feld galoppiert. Pflegt man dagegen ein gutes Verhältnis mit den Landwirten seiner Umgebung, haben diese auch Verständnis dafür, falls ein Pferd im Schreck auf ein Feld ausbrechen sollte. Auch haben sie meist nichts dagegen, wenn über abgeerntete Wiesen und Felder geritten wird. Einige Landwirte lassen sogar nach der Ernte noch längere Zeit einen Seitenstreifen extra für die Reiter stehen, damit im Herbst die Fuchs- und Schleppjagden ausgetragen werden können. Häufig sind diese pferdefreundlichen Landwirte selbst Reiter, haben auf Pferdehaltung umgerüstet oder betrachten Reiter als wichtige Kunden für Stroh- und Heulieferungen.

Vor allem in der Erntezeit kann es jedoch zu Konflikten kommen, wenn die Landwirte nicht nur mit ihren Traktoren, sondern auch mit großen Landmaschinen wie Mähdreschern unterwegs sind. Viele nehmen Rücksicht auf nervöse Pferde, andere aber nicht. Oftmals haben es diese Landwirte auch einfach nur eilig, ihre Ernte vor dem nächsten Regen einzufahren. Besitzt man also ein Pferd, das diesen Belastungen nicht standhält, sollte man zu Erntezeiten auf landwirtschaftlichen Wegen besser nicht reiten und einen Umweg in Kauf nehmen.

Im Wald sind außerdem Streitigkeiten zwischen Reitern und der Jägerschaft nicht selten. Denn einerseits fühlen sich die Jäger durch die Reiter bei der Jagd gestört und andererseits denken viele Reiter nicht gerade positiv über das Jagen von Tieren und befürchten zudem, daß ihr Pferd durch plötzlich abgegebene Schüsse scheuen könnte. Ganz gleich aber, wie man zur Jagd steht: wenn man im Wald reiten möchte, muß man sich mit den Jägern arrangieren. Die Rechte des Försters hat der Jagdpächter aber nicht. So darf er keine Bußgelder verhängen oder etwa Reiter des Waldes verweisen. Auch Verstöße gegen das Jagdgesetz wie beispielsweise das Drohen mit der Waffe und das Schießen aus dem Auto heraus sollten sofort der zuständigen Revierförsterei gemeldet werden.

Um Auseinandersetzungen mit Jägern weitgehend auszuschalten, sollte man sich beim Revierförster oder Revierpächter über das saisonale Jagdgeschehen seiner Region erkundigen. Das dient nicht zuletzt der eigenen Sicherheit, um nicht ungewollt in die Schußlinie oder in eine Treibjagd zu geraten. Auf der anderen Seite kann aber auch von der Jägerschaft erwartet werden, daß sie die Reiter über jagdliche Aktionen informieren, indem sie Treibjagden rechtzeitig ankündigt und durch entsprechende Hinweisschilder ihren Aufenthalt auf Hochsitzen bekannt gibt. Schließlich sollten die Jagdpächter Rücksicht üben und das Schießen einstellen, sobald sie Reiter sichten.

Zwar differiert das Jagdgeschehen regional und orientiert sich an den jagbaren Wildtierarten, doch lassen sich im Jahresablauf allgemeingültige Jagdzeiten ausmachen, die jeder Geländereiter kennen sollte.

Ein größerer Informationsaustausch zwischen Jägern und Reitern trägt zu mehr Verständnis bei.

TABELLE 2: JAGDSAISON JAHRESÜBERBLICK BRD
(Veränderungen durch Länderverordnung möglich)

	1-15. Jan.	16.-30. Jan.	Februar	März	April	1.-15. Mai	16.-30. Mai	Juni	Juli	August	September	1.-15. Okt.	16.-30. Okt.	November	Dezember
Niederwildjagd*1															
Mittelwildjagd*2 u. männl. Rehwild															
Mittelwildjagd*2 u. weibl. Rehwild															
Hochwildjagd*3															
Treibjagd															
Abendansitz Rehbockjagd															
Vermehrter Ansitz (Abend), Paarung Rehwild															
SCHONZEIT															

*1 Niederwild: Hasen, Rebhühner, Fasane

*2 Mittelwild: Rehwild, Schwarzwild (Anm.: Schwarzwild genießt keine Schonzeit bis Auf Setzzeiten (1.-15.6.))

*3 Hochwild: Rot- und Damwild

* Nachtzeit generell Schonzeit / jagdfreie Zeit

Mit großem Abstand reitet man gefahrlos aneinander vorbei.

len darf und sich abspricht, wann wieder angetrabt oder angaloppiert werden kann, ohne daß der andere Schwierigkeiten mit seinem Pferd bekommt.

Die gleiche Umsicht ist erforderlich, falls man als Reiter im Gelände mit Gespannen zusammentrifft. Wenn Pferde das erste Mal in ihrem Leben eine Kutsche erblicken, werden sie meist nervös und unruhig. Hier muß der Reiter entsprechend reagieren und Vorsichtsmaßnahmen ergreifen, um weder sich und sein Pferd noch das Gespann zu gefährden. Am besten ist es, man kommuniziert mit dem Kutschfahrer, der vielleicht so freundlich ist und sein Gespann kurzzeitig anhält. Dann hat das unerfahrene Pferd Gelegenheit, dieses „merkwürdige Ding" hinter seinen Artgenossen in Ruhe anzuschauen und kennenzulernen.

Eine weitere Verhaltensregel ist, daß man beim Vorbeireiten an Pferdekoppeln Schritt geht und Abstand hält. Auf keinen Fall darf man fremde Pferde aneinander schnuppern lassen! Denn zum einen könnten dadurch Krankheiten übertragen werden und zum anderen besteht eine gewisse Verletzungsgefahr, falls die Tiere ausschlagen und dabei im Zaun hängenbleiben. Außerdem müssen Reiter darauf gefaßt sein, daß Weidepferde plötzlich angeprescht kommen oder aufgeregt am Zaun mittraben.

Auch bei anderen Weidetieren wie Kühen und Schafen, an Wildgehegen, Geflügelgattern oder Schweineausläufen sollte man große Vorsicht walten lassen – vor allem wenn dem Pferd diese Tierarten nicht bekannt sind. Die fremden Gerüche, Laute und Bewegungen dieser Tiere sind vielen Pferden

BEGEGNUNGEN MIT ANDEREN REITERN, KUTSCHEN, WEIDETIEREN UND FREILAUFENDEN HUNDEN

Geländereiter sollten zusammenhalten und gewisse Regeln beherzigen, wenn sie sich draußen begegnen. Regel Nummer 1 lautet, daß man zum Schritt durchpariert und auf einen Sicherheitsabstand achtet, wenn man aneinander vorbeireitet.

Dabei kommt es nicht darauf an, sich und sein Pferd besonders schön zu präsentieren, sondern die Sicherheit sollte an erster Stelle stehen! Sieht man also einen anderen Reiter, der sich „in Szene setzen" will oder Probleme mit seinem Pferd hat, ist es vernünftiger auszuweichen oder eventuell sogar anzuhalten. Auch das schnelle Aufreiten von hinten an einen einzelnen Reiter oder Reitgruppe ist aus Sicherheitsgründen grundsätzlich tabu! Selbstverständlich sollte außerdem sein, daß man sich verständigt, ob man einen anderen Reiter ohne weiteres überho-

nicht geheuer, weshalb sie behutsam daran gewöhnt werden müssen.

Ein großes Problem für Geländereiter sind freilaufende Hunde, die außer Kontrolle geraten sind und dem Pferd nachstellen. Denn Hunde sind Raubtiere, die von Pferden als Angreifer betrachtet werden und ihren Fluchttrieb auslösen können. Hier ist größte Vorsicht geboten! Oftmals sieht man schon von weitem, wie sich ein Hund verhalten wird und ob er gehorcht oder nicht. Die meisten Hundehalter nehmen ihren Hund an die Leine oder rufen ihn zu sich, wenn sie Reitern begegnen. Es gibt aber auch Hundebesitzer, die es durchaus lustig finden, wenn Hasso oder Fifi laut bellend um ein Pferd herumspringt. Daß das sowohl für Reiter und Pferd als auch für den Hund schlimme Folgen haben kann, ist ihnen häufig nicht bewußt. Darum muß man Hundehalter über die möglichen Gefahren aufklären und außerdem darauf hinweisen, daß sie unter Umständen für Unfallschäden haftbar gemacht werden können, die ihr Hund verursacht.

Nicht jedes Pferd bleibt so ruhig, wenn ein Hund ihm so nahe kommt.

Nicht zu dicht an Weidepferden vorbeireiten!

HILFENGEBUNG, REITERSITZ UND GANGARTEN IM GELÄNDE

Unabhängig von dem jeweiligen Reitstil sollten die entsprechenden Reiterhilfen im Gelände möglichst auf ein Minimum reduziert werden. Das bedeutet, daß ein Geländepferd nicht ständig getrieben oder gehalten werden sollte. Es muß also lernen, auf feine, impulsartige Hilfen zu reagieren und in jeder Gangart das gewünschte Tempo beizuhalten, bis es vom Reiter ein neues Signal erhält.

Die Zügelführung besteht im Idealfall aus einer sehr weichen Verbindung zwischen Pferdemaul oder Nasenrücken und Reiterhand, das heißt, die Zügel dürfen weder permanent anstehen noch lose durchhängen und herumschlenkern. Das Pferd muß stets so viel Zügelfreiheit haben, daß es seinen Kopf drehen, heben und neigen kann, um seine Umgebung ungehindert beobachten zu können. Außerdem sollte es im unwegsamen Gelände und bei Geländehindernissen seinen Hals lang machen können, damit es sich ausreichend ausbalancieren kann.

Die Hilfen müssen aber immer so gegeben werden, daß das Pferd jederzeit kontrollierbar ist. Das bedeutet, daß die Reiterhilfen je nach Ausbildungsstand des Pferdes so dosiert werden müssen, daß sie für das Pferd eindeutig sind. Während also ein junges Pferd beispielsweise zum Durchparieren vielleicht noch eine verstärkte Hilfe mit eventuell zusätzlichem Stimmkommando benötigt, kommt ein gut ausgebildetes Geländepferd mit einer unsichtbaren, signalartigen Hilfegebung oder sogar nur mit einer Stimm-

Natürliche Aufrichtung eines Geländepferdes mit lockerer Zügelführung

REITEN IN WALD UND FLUR

Für einen sicheren und unbeschwerten Ritt ins Gelände muß man nicht nur die geltenden Reitgesetze kennen, sondern auch Reiterhilfen richtig anwenden sowie Sitz und Tempo den jeweiligen Gegebenheiten anpassen.

Auch witterungsbedingte Einflüsse müssen berücksichtigt werden und zur Bewältigung von Geländehindernissen sowie schwierigen Situationen existiert ein großes Erfahrungspotential, das sich in der Praxis bewährt hat und das jeder Geländereiter wissen sollte.

hilfe aus. Prinzipiell dürfen die Reiterhilfen im Gelände aber immer nur einmalig und nicht dauerhaft eingesetzt werden.

Im Gelände soll das Pferd also nicht extrem versammelt geritten werden, sondern sich in natürlicher Dehnungshaltung und Aufrichtung selbst tragen und mit schwingendem Rücken fleißig und taktrein vorwärtsgehen. Die Körperhaltung ist jedoch rassespezifisch unterschiedlich und exterieurabhängig. So sind beispielsweise viele Gangpferde nur mit hocherhobenem Kopf in der Lage zu tölten. Auch Araber als „Trinker der Lüfte" halten ihre Köpfe vergleichsweise höher als andere Rassen, vor allem im schnellen Tempo. Während es für quadratisch gebaute Pferde mit kurzen Rücken und abfallenden Kruppen sowie relativ kurzen Beinen anatomisch einfacher ist, eine leichte Versammlung von sich aus einzunehmen, fällt das rechteckigen und langbeinigen Pferden mit langen

Rücken erheblich schwerer. Sie neigen eher dazu, vermehrt auf der Vorhand zu gehen, laufen dann staksig und unsicher und tendieren zum Stolpern und Stürzen. Solche Pferde muß man im Gelände zwischendurch immer wieder an die Hilfen stellen und von hinten nach vorne vorwärts-abwärts reiten, um sie zu mehr Aktion aus der Hinterhand zu veranlassen. Auf keinen Fall darf man aber nur an den Zügeln ziehen, weil sich hierdurch lediglich die Schritte verkürzen und damit das Problem noch verstärkt wird. Vielmehr muß das Pferd energisch vorwärts gegen die passive Zügelhand geritten werden, um es zum vermehrten Untertreten der Hinterhand zu bewegen und die Rückentätigkeit zu stimulieren. Dadurch wird das Gewicht schwerpunktmäßig nach hinten verlagert und die Vorhand entlastet. Das dient nicht nur der Sicherheit des Reiters, sondern auch der Gesundheitsvorsorge des Pferdes.

Sogenannte Rechteckpferde müssen im Gelände hin und wieder aufgenommen werden.

49

Entlastungssitz im Galopp

im Sattel sitzt. Auch die Westernreiter bleiben im langsamen Trab und ruhigen Galopp häufig im Sattel sitzen, weil die große Auflagefläche des Westernsattels das Reitergewicht weiträumig verteilt. Im verstärkten Trab und Galopp sollte aber jeder Geländereiter unabhängig von seiner Reitweise in den sogenannten „leichten Sitz" gehen. Das bedeutet, daß der Reiter sich in den Steigbügeln leicht aufstellt, seinen Oberkörper etwas nach vorne neigt und mit seinem Gesäß über dem Sattel schwebt, ohne ihn zu berühren.

Im Gelände sollte man eine Sitzposition einnehmen, die es dem Pferd ermöglicht, das Reitergewicht auch auf längeren Strecken ermüdungsfrei zu tragen. So wird draußen grundsätzlich leichtgetrabt, wobei allerdings darauf geachtet werden muß, daß man regelmäßig umsitzt, damit das Pferd nicht einseitig belastet wird. Der Tölt von Isländern oder töltähnliche Gänge von anderen Gangpferderassen wie etwa Mangalarga Marchadores werden dagegen auch im Gelände ausgesessen, weil hier die Schwebephase des Trabs fehlt und der Reiter quasi schwingungslos

PRAXISTIP

Auch im Gelände kann man gymnastizierende Übungen mit dem Pferd einlegen, um es zum kräftigeren Abfußen der Hinterbeine zu motivieren. Dazu eignen sich Bergauf- und Bergabreiten, Schlangenlinien um Bäume oder Büsche sowie Volten und Rückwärtsrichten

PRAXISTIP

Verfallen Sie nicht aus Unsicherheit oder falsch verstandener Rücksichtnahme in einen „Spaltsitz" oder aus Bequemlichkeit in einen „Stuhlsitz", sondern sitzen Sie stets korrekt und gehen Sie nur in den Entlastungssitz, wenn es die Situation oder das Tempo erfordert

Welche Gangart eingeschlagen wird, hängt unter anderem von der Streckenlänge, der Bodenbeschaffenheit, der Witterung sowie der Kondition des Pferdes ab. Während man also bei einer längeren Route die Kräfte seines Pferdes einteilen muß und vorwiegend Schritt reitet, kann man bei einem kürzeren Ausritt ruhig etwas flotter vorwärtsgehen. Niemals aber darf das Pferd derart überfordert werden, daß es klatschnaß nach Hause kommt! Nach überstandenen Krankheiten, Impfungen, Wurmkuren oder ähnlichen Beeinflussungen muß man zudem eine längere Aufbauphase des Pferdes einkalkulieren, die Wegstrecke entsprechend kürzen und das Tempo mäßigen.

Auch die Wetterverhältnisse spielen bei der Wahl der Gangart eine große Rolle. So ist zum Beispiel bei schwülheißer Witterung eher ein Spazierritt angesagt, an einem kühlen Herbstmorgen kann man dagegen einen frischeren Ausritt ins Auge fassen.

Desweiteren müssen Gangarten und Geschwindigkeit stets den jeweiligen Bodenverhältnissen angepaßt werden. Auf harten und steinigen Böden, im unwegsamen Gelände und auf Waldpfaden mit vielen Wurzeln sowie bei Glatteis und in tiefen oder glitschigen Böden wird grundsätzlich Schritt geritten. Auch in gefährlichen Situationen sowie im Straßenverkehr muß man aus Sicherheitsgründen Schritt reiten. Ein eisernes Reiterprinzip lautet außerdem, daß die ersten und letzten tausend Meter eines Ausritts im Schritt zurückgelegt werden. Die Schrittreprise zu Beginn des Rittes dient zum Lösen und Aufwärmen, die Schrittphase am Rittende zum Entspannen und Abschwitzen des Pferdes.

Während man auf befestigten Wegen höchstens einen gemäßigten Trab oder Tölt reiten sollte, kann man auf weichen Feld- und Waldwegen das Tempo erhöhen und auch einen ruhigen Galopp gehen. Für einen gestreckten oder ausgiebigen Galopp kommen jedoch nur lange Gras- oder Sandwege und abgeerntete Wiesen oder Felder in Frage. Auch Sandstrände eignen sich hervorragend, um mit seinem Pferd mal so richtig loszuknattern. In der Regel gibt es aber nur wenig brauchbare Galoppstrecken, weshalb der Galopp auch den geringsten Anteil an einem

Zur Schonung der Pferdebeine reitet man auf Asphaltpisten Schritt.

Abgemähte Wiesen eignen sich für einen flotten Galopp.

Ausritt hat. Die Hauptgangart im Gelände ist der Schritt, gefolgt von Trab und Tölt, die je nachdem mal mehr oder weniger eingesetzt werden.

Ganz wichtig ist, daß der Geländereiter sein Pferd jederzeit kontrollieren kann. Niemals darf man zulassen, daß das Pferd einfach Gangart oder Tempo selbst bestimmt! Hierdurch wird das Pferd geradezu zum Ungehorsam erzogen, nimmt sich immer mehr Freiheiten heraus und kann schließlich zum Durchgänger werden. Darum muß der Reiter äußerst konsequent vorgehen und seinem Pferd stets klare Anweisungen bei einem Gangartenwechsel erteilen. Tabu sein sollte es deshalb, das Pferd immer schneller werden oder gar in die nächsthöhere Gangart hineinrennen zu lassen. Auch sollte man vermeiden, jedesmal an derselben Stelle anzutraben oder stets auf denselben Wegen zu galoppieren. Denn als Gewohnheitstier merkt sich das Pferd so etwas ganz genau und könnte eines Tages versuchen, von sich aus die Gangart zu wechseln.

PRAXISTIPS

· Vergessen Sie nicht, nach der Lösungsphase nachzugurten!
· Achten Sie darauf, daß Ihr Pferd im Gelände nicht immer auf derselben Hand galoppiert, sondern wechseln Sie bewußt Links- und Rechtsgalopp
· Vergewissern Sie sich, daß sich auf abgemähten Wiesen keine Maulwurfshügel sowie auf abgeernteten Feldern keine Löcher befinden, die zu gefährlichen Stolperfallen werden können!
· Üben Sie punktgenaues Reiten beim Gangarten- und Tempowechsel, wobei Sie sich im Gelände beispielsweise an Bäumen oder Sträuchern orientieren können

REITREGELN FÜR GRUPPENAUSRITTE

Das Ausreiten mit Gleichgesinnten macht natürlich besonders viel Spaß. Doch bei aller Freude sollten gewisse Regeln aus Sicherheitsgründen beherzigt und eingehalten werden.

Voraussetzung für einen problemlosen und harmonischen Gruppenausritt ist, daß alle Reiter den zügelunabhängigen Sitz beherrschen und ihr Pferd jederzeit mühelos unter Kontrolle halten können. Auch die teilnehmenden Pferde müssen gesund, körperlich fit und psychisch reif genug für einen Ritt in der Gruppe sein. Zudem ist es von Vorteil, wenn sich die Pferde gut kennen, damit es unterwegs oder in den Rittpausen nicht zu Reibereien kommt. Schläger müssen übrigens mit einem roten Band im Schweif gekennzeichnet sein, das als Warnsignal für die Mitreiter dient.

Tempo, Dauer und Route werden auf den unsichersten Reiter und das konditionsschwächste Pferd abgestimmt. Der routinierteste Reiter führt die Gruppe an, ein anderer erfahrener reitet am Schluß. Weniger erfahrene Reiter ordnen sich dazwischen ein oder reiten in größeren Formationen neben einem Geländeprofi. Während man bei wenigen Reitern einzeln hintereinander geht, laufen die Pferde in Großgruppen jeweils zu zweit nebeneinander, sofern die Breite des Weges das zuläßt. Der Sicherheitsabstand zum Vorpferd sollte wie in der Reitbahn etwa eine Pferdelänge betragen. Sowohl Drängler als auch Nachzügler sind unerwünscht, weil sie Unruhe in die Reitgruppe bringen. Darum darf man weder zu dicht auf den Vorreiter

*Bei einer Rast soll-
ten sich die Pferde
gut verstehen.*

heranreiten noch zu weit zurückblei-
ben. Wettrennen, Überholmanöver
oder absichtliches Langsamreiten, um
dann von hinten die Gruppe im
Galopp einzuholen, sind riskant und
sollten deshalb unterbleiben. Auch das
Galoppieren in lockerer Formation
birgt die Gefahr, daß sich die Pferde
gegenseitig „aufheizen" und unter
Umständen durchgehen können. Aus
diesem Grund bleibt dieses Vergnügen
ausschließlich versierten Geländereitern mit gut ausgebildeten Gelände-
pferden vorbehalten.

Gangarten- und Tempowechsel werden vom Rittführer oder Têtenreiter
durch Zuruf oder Handzeichen angege-
ben. In der Regel wird das Anreiten
bzw. die nächsthöhere Gangart durch
Hochheben eines Armes angezeigt,
während ein zur Seite ausgestreckter
Arm durchparieren oder anhalten
bedeutet. Ein kreisender Arm heißt im
allgemeinen Tempo verstärken, eine
winkende Bewegung nach unten signa-

lisiert, daß die Geschwindigkeit reduziert werden soll. Man kann innerhalb
einer Reitgruppe natürlich auch andere
Zeichen absprechen. Bedingung ist
aber, daß jeder Teilnehmer diese Hinweise kennt und richtig deutet und
sich stets auf die vereinbarten Signale
verlassen kann.

*Der Rittführer
bestimmt das
Tempo.*

Gekonnter Sprung über einen Baumstamm

Einige, vor allem unsichere Pferde können plötzlich Angst bekommen hängenzubleiben und springen dann aus dem Stand ansatzlos über den Stamm! Ist der Baumstamm höher als es die Schritthöhe des Pferdes erlaubt, muß er entweder umritten oder übersprungen werden. Zuvor sollte man sich aber immer vergewissern, daß der Boden sowohl im Absprung- als auch im Landebereich frei und griffig und nicht etwa voller Äste oder glitschig ist. Denn dadurch könnte das Pferd ins Straucheln kommen oder gar stürzen! Bei sprungunerfahrenen Pferden muß außerdem damit gerechnet werden, daß sie oft wesentlich höher springen, als es erforderlich wäre, weil sie auf Nummer Sicher gehen wollen. Auch auf eine Verweigerung ebenso wie auf ein sehr frühes oder spätes Abspringen sollte man gefaßt sein. Einige Pferde nutzen auch den Schwung des Sprunges aus, um nach der Landung in ein schnelleres Tempo zu verfallen, weshalb der Reiter gleich nach dem Aufsprung die Zügel wieder aufnehmen sollte, damit das Pferd nicht davoneilt.

Beim Überspringen von schmalen Gräben muß man sich ebenfalls darauf einstellen, daß sich das ungeübte Pferd verschätzt und häufig weiter als notwendig springt. Breite Gräben dürfen allerdings nicht gesprungen werden, das wäre für Reiter und Pferd lebensgefährlich! In diesem Fall muß so lange am Graben entlanggeritten werden, bis ein geeigneter Übergang gefunden ist – es sei denn, der Graben ist so breit, daß er durchritten werden kann. Während man Gräben mit geringer Böschungsneigung schräg durchreiten kann, müssen Gräben mit steiler Böschungsneigung immer gerade

GELÄNDEHINDERNISSE UND SCHWIERIGES GELÄUF

Unterwegs können Geländereiter auf allerlei natürliche oder künstliche Hindernisse treffen, die es sicher zu überwinden gilt. Auch das Reiten im schwierigen Geläuf, etwa das Erklimmen eines Steilhangs, bedarf einer gewissen Technik und Übung.

Viele Geländehindernisse lassen sich bereits auf dem Reitplatz simulieren und mit dem Pferd trainieren. Draußen ist es empfehlenswert, die ersten Male ein erfahrenes Geländepferd vorgehen zu lassen oder das Pferd an der Hand zu führen. Auf jeden Fall muß man sich genügend Zeit nehmen, wenn man mit einem Jungpferd plant, beispielsweise einen Bach zu durchqueren oder eine Engstelle zu passieren.

Im Wald kommt es nicht selten vor, daß Baumstämme quer über dem Weg liegen. Sind sie verhältnismäßig niedrig, reitet man am besten langsam im Schritt darüber hinweg. Aber Vorsicht:

durchritten werden. Auf jeden Fall muß aber strikt Schritt gegangen werden, um ein Wegrutschen des Pferdes weitgehend auszuschalten – auch wenn die Pferde eifrig treten und versuchen, dieses Hindernis möglichst schnell zu durchlaufen.

An steilen oder langen Steigungen und Abhängen sollte man absitzen, um sein Pferd zu schonen. Bei leichten Hügeln oder kurzen Bergstrecken kann man jedoch im Sattel bleiben. Das macht dem Reiter gleichermaßen wie dem Pferd Freude und gymnastiziert es zugleich. Um das Pferd beim Bergauf- und Bergabreiten zu entlasten, beugt der Reiter seinen Oberkörper leicht vor und läßt die Zügel lang, damit das Pferd seinen Hals als Gleichgewichtsstabilisator nutzen kann. Bei Steilhängen kann man sich in der Mähne festhalten und bei starken Gefällen am Pferdehals abstützen. Während abwärts und bei extremen Anstiegen grundsätzlich Schritt geritten wird, kann man bei leichten Anstiegen ruhig „einen Zahn zulegen" und den Hügel im Trab oder ruhigen Galopp hinaufreiten.

In Engpässe kann man leicht auf Waldpfaden gelangen, die rechts und links zugewachsen sind. Manchmal enden diese Pfade auch in einer Sackgasse, weil irgend etwas den Weg versperrt und man nicht drumherum reiten kann. Dann muß das Pferd so lange rückwärtsgerichtet werden, bis eine Lücke zum Umdrehen vorhanden ist. Vor allem junge und unvorbereitete Pferde können bei solchen Aktionen nervös werden und regelrecht Platzangst kriegen. Das Passieren von Engstellen sollte darum unbedingt schon vorher auf dem Reitplatz eingeübt

werden, um für den Ernstfall gerüstet zu sein. Bei überschaubaren Engpässen wie schmalen Brücken gehen unerfahrene Pferde die ersten Schritte sehr

Berganreiten mit vorgebeugtem Oberkörper

Engpässe werden mittig durchritten.

Prinzipiell werden alle Engstellen im Schritt durchlaufen oder durchritten, und zwar genau in der Mitte, um nicht irgendwo anzustoßen oder hängenzubleiben. Der Reiter muß vor allem auf seine Schultern und Beine achten, und beim Führen werden die Steigbügel übergeschlagen. Vor dem Überqueren von Holzbrücken muß man sich außerdem von der Funktionstüchtigkeit der Bohlen und Balken überzeugen. Im feuchten Zustand sind Brücken aus Holz zudem rutschig, und im Winter besteht bei allen Brücken erhöhte Glatteisgefahr!

Eng kann es auch werden, wenn auf Waldwegen oder am Waldrand Äste tief herunterhängen, die der Reiter ins Gesicht bekommen kann. Hier ist rechtzeitiges Ausweichen oder Ducken angesagt! Denn das Pferd bemißt beim Drunterdurchlaufen nur seine eigene Körperhöhe, nicht aber die des Reiters. Bei dichtem Gestrüpp oder Dornenzweigen sollte man zusätzlich eine Hand vors Gesicht halten, um seine Augen zu schützen. Geht ein zweiter Reiter voraus, muß außerdem genügend Abstand gehalten werden, weil zurückschnellende Äste Reiter oder Pferd an den Kopf schlagen und verletzen können.

Beim Durchqueren von Bächen und Flüssen sollte man sich nach Möglichkeit eine flache Einstiegs- und Ausstiegsstelle mit relativ festem Untergrund suchen. Routinierte Geländepferde finden häufig auch von alleine die günstigste Furt. Will man breite Flüsse durchreiten, muß sichergestellt sein, daß die Strömung nicht zu stark und das Wasser nicht so tief ist, daß das Pferd den Boden unter den Hufen verlieren könnte.

Ein gutes Geländepferd geht sicher durch den Bach.

zögerlich, werden dann aber häufig eiliger, um den „beengenden Schlauch" möglichst rasch hinter sich zu bringen. Das kann besonders gefährlich werden, wenn man das Pferd führt und aus Platzgründen voranläuft. Am besten geht man in diesem Fall rückwärts mit nach vorne ausgestreckten Armen, die als „Abstandhalter" fungieren, damit das Pferd einen nicht ans Brückengeländer quetschen oder in die Fußhacken treten kann.

Für viele Pferde ist die erste Wasserdurchquerung ein aufregendes Ereignis und die meisten gehen nicht ansatzlos ins fließende Gewässer, weshalb man für dieses Vorhaben ausreichend Zeit mitbringen muß. Am besten läßt man einen wassererfahrenen Artgenossen vorangehen, der dem Jungpferd zeigt, daß es keinerlei Gefahr im kühlen Naß zu befürchten hat. Steht kein Führpferd zur Verfügung, muß der Reiter „in den sauren Apfel beißen" und vorauswaten. Hilfreich ist es, wenn man hierfür einen warmen und sonnigen Tag wählt, weil die Pferde dann eher bereit sind, in das angenehm erfrischende Gewässer zu gehen als bei kühler Witterung.

Alle Wasserstellen werden im Schritt passiert. Einzige Ausnahme bildet das Reiten am Strand, wo man durch die Gischt traben und galoppieren kann,

daß es nur so spritzt! Doch Vorsicht, wenn man mit seinem Pferd zum erstenmal ans Meer reitet: Einige Pferde sind vom Anblick dieses riesigen Gewässers so „überwältigt", daß sie am liebsten auf der Stelle kehrt machen würden. Auch die Wellen, die laut rauschend ans Ufer klatschen, können den Pferden am Anfang Angst machen. Gemeinhin aber verlieren sie rasch ihre Scheu, spüren den weichen, dennoch festen Untergrund nahe der Brandung und sind dann oftmals ungeheuer lauffreudig.

Wer in der Nähe eines geeigneten Teiches oder Sees wohnt, kann im Sommer auch mit dem Pferd schwimmen gehen. Nach anfänglichem Zögern folgen wassergewöhnte Pferde den schwimmerfahrenen Artgenossen ins flache Wasser und lernen schnell die angenehme Abkühlung zu schätzen.

Spritziger Ritt am Meeresstrand

Zuvor muß man dem Pferd allerdings den Sattel und jegliche Hilfszügel abschnallen, damit es sich nirgends verhaken, den Kopf hochnehmen und ungehindert Luft holen kann. Sobald das Pferd bis zum Hals im Wasser ist, muß der Reiter seitlich von seinem Rücken gleiten und neben ihm herschwimmen. Dabei muß man auf seine Beine achten, weil Pferde heftig paddeln müssen, um schwimmen zu können. Die Richtung bestimmt der Reiter durch leichtes Anfassen beider Zügel. Die Zügel dürfen aber weder so lang durchhängen, daß das Pferd mit seinen Vorderbeinen hineingeraten kann, noch straff anstehen, so daß es beim Schwimmen behindert oder gar unter Wasser gezogen wird. Erfahrungsgemäß versuchen viele Pferde beim ersten Vollbad, so schnell wie möglich wieder festen Boden unter den Hufen zu kriegen. Deshalb sollte man einkalkulieren, daß das Pferd die Richtung eigenmächtig ändert und versucht, zum Ufer zurückzuschwimmen.

Mit Panik und hektischen Beinbewegungen muß ebenfalls auf glitschigem und glattem Untergrund gerechnet werden, auf dem die Pferde wegrutschen oder keinen Halt finden, sowie in tiefen, morastigen oder sumpfigen Böden, in die die Pferde versinken und wo sie nur mit Mühe vorankommen. Hier sollte man absitzen, das Pferd beruhigen und es vorsichtig und ganz langsam durch die Gefahrenstelle führen.

Die Gangart Schritt ist schließlich auch eine vorbeugende Sicherheitsmaßnahme in sehr unwegsamem Gelände, insbesondere auf Wegen mit vielen Wurzeln, großen Steinen oder zahlreichen Unebenheiten.

PRAXISTIPS

· Als Zusatzausrüstung empfiehlt sich ein Halsriemen zum Festhalten in Extremsituationen sowie Gamaschen zum Schutz der Pferdebeine vor Verletzungen

· Bei Pferden mit wenig Widerrist kann ein Schweifriemen erforderlich sein, der ein Vorrutschen des Sattels verhindert, und auf steilen Bergtouren vermeidet ein Vorderzeug das Zurückgleiten des Sattels zuverlässig

· Planen Sie eine Flußdurchquerung zu Pferde oder wollen Sie mit Ihrem Pferd zu Fuß einen Bach durchlaufen, reichen wasserdichte Stiefel manchmal nicht aus. Ziehen Sie deshalb zusätzlich Plastiktüten in die Stiefel, was ganz sicher vor nassen Füßen bewahrt

· Wenn Sie merken, daß Ihr Pferd beim Ausgleiten oder Stolpern unweigerlich zu Fall kommt, sollten Sie sich nicht krampfhaft festklammern. Statt dessen sollten Sie sofort die Füße aus den Steigbügeln ziehen und sich vom Sattel abdrücken, um so weit wie möglich vom Pferd wegzukommen. Das ist notwendig, damit Sie nicht unter das Pferd geraten und beim Stürzen oder Aufstehen nicht von seinen Hufen getroffen werden.

AUSRITTE IM FRÜHLING, SOMMER, HERBST UND WINTER

Wie keine andere Reitdisziplin ist das Geländereiten von der Witterung abhängig. Ein englisches Sprichwort besagt zwar, daß es kein schlechtes Wetter gibt, sondern nur unpassende Kleidung. Dennoch muß der Geländereiter neben einer geeigneten Bekleidung auch die jeweils herrschenden Wetterverhältnisse bei seiner Rittplanung bedenken und Streckenführung, Routenlänge sowie Tempo darauf abstimmen. Temperaturschwankungen stecken Pferde zwar schneller weg als wir Menschen, doch zeigen auch sie eine gewisse Wetterfühligkeit. So sind Pferde beispielsweise bei ungewöhnlich milden Temperaturen im Winter eher schlapp und träge, weil sie eben nicht ihren dichten Winterpelz einfach aus-

ziehen können wie der Reiter seine dicke Jacke. An windigen Tagen und bei plötzlichen Temperaturstürzen können sie dagegen recht lebhaft sein und einen enormen Vorwärtsdrang entwickeln.

Damit man als Reiter nicht unverhofft in ein Sturmtief oder eine Gewitterfront gerät, sollte man sich durch die Wettervorhersagen auf dem laufenden halten. Da man sich aber nicht immer allein auf Wetterprognosen verlassen kann, sollte man auch auf bestimmte Hinweise achten, die einen Wetterumschwung ankündigen. So zeigen nicht erst dunkle Wolken, daß mit Niederschlägen gerechnet werden muß, sondern schon aufkommender Wind aus westlicher oder nordwestlicher Richtung, erhöhte Luftfeuchtigkeit und im Sommer auch tiefliegende Schwalben sind erste Anzeichen für regnerisches, im Winter für naßkaltes

Geländereiter sind besonders vom Wetter abhängig.

Beim gemütlichen Trab kann man die Blütenpracht des Frühlings genießen.

den Geschicklichkeitsübungen bringt Abhilfe bei allzu übermütigen Pferden. Will sich das Pferd beim anschließenden Ritt ins Freie weiterhin abreagieren, sollte man zunächst nicht galoppieren und erst gegen Ende des Ausritts – wenn es nicht mehr so peppig ist – einen Galopp wagen. Es schadet auch nicht, wenn man im Gelände für einige Zeit ganz auf die Gangart Galopp verzichtet, anstatt aus falschem Ehrgeiz einen Sturz zu riskieren.

PRAXISTIP

Reduzieren Sie das Kraftfutter bei Weidegang und üppigem Graswuchs und stecken Sie die Wiese portionsweise ab

Wetter. Ein Schleier um den Mond, der eine Art „Kranz" bildet, weist auf eine bevorstehende Wetteränderung hin, während Windstille und Abendröte meist Wetterbeständigkeit bedeuten.

In den ersten lauen Frühlingstagen belastet die Pferde noch der Fellwechsel, der eine Art Frühjahrsmüdigkeit bewirken kann. Im Wonnemonat Mai hingegen platzen viele Pferde fast vor Energie, und selbst sonst sehr ruhige Tiere können in dieser Jahreszeit zu wahren „Raketen" werden.

Verantwortlich für solche Temperamentsausbrüche sind die zunehmende Lichteinstrahlung, der erwachende Fortpflanzungstrieb und vor allem das außerordentlich gehaltvolle junge Gras. Wer noch nicht so sattelfest ist, daß er auch einen Freudenbuckler oder Blitzstart locker sitzen kann, sollte vorbeugen und seinem Pferd vor dem Ausritt auf einem sicher eingezäunten Reitplatz Gelegenheit geben, sich auszutoben. Auch das Abreiten in der Reitbahn mit konzentrationsfordern-

Im Sommer sollte man nach Möglichkeit in den frühen Vormittagsstunden ausreiten, wenn die Temperaturen noch nicht so hoch und die Insekten weniger lästig sind. An schwülheißen Tagen sind die kleinen Plagegeister besonders aufdringlich und können den Ausflug ins Gelände regelrecht zur Qual machen. In feuchten Waldgebieten und Gewässernähe sind es vor allem Kriebel- und Stechmücken, während Fliegen und Bremsen vornehmlich in der Nähe von Viehweiden ihr Unwesen treiben. Als Insektenschutz haben sich biologische Repellents aus intensiv riechendem Zedern- oder Nelkenöl bewährt, die man mit Ausnahme des Schlauches beziehungsweise Euters flächendeckend auf den Pferdekörper sprüht. Der Kopf muß vorsichtig mit der Hand eingerieben werden, und zum Schutz der Augen sind Stirnbänder mit langen Fransen gut geeignet. Sehr nützlich ist es, wenn man eine lange Gerte mit auf den sommerlichen Ausritt nimmt, mit der die nervigen Blutsauger unterwegs vom Pferd abgestriffen werden können. Da Schweißgeruch Insekten magisch anzieht, sollten die Pferde möglichst nicht naßgeritten werden. Da sie aber in der Sommerhitze sehr schnell schwitzen, sollte man immer ein kleines Fläschchen Insektenschutzmittel zum Auftragen für zwischendurch dabei haben.

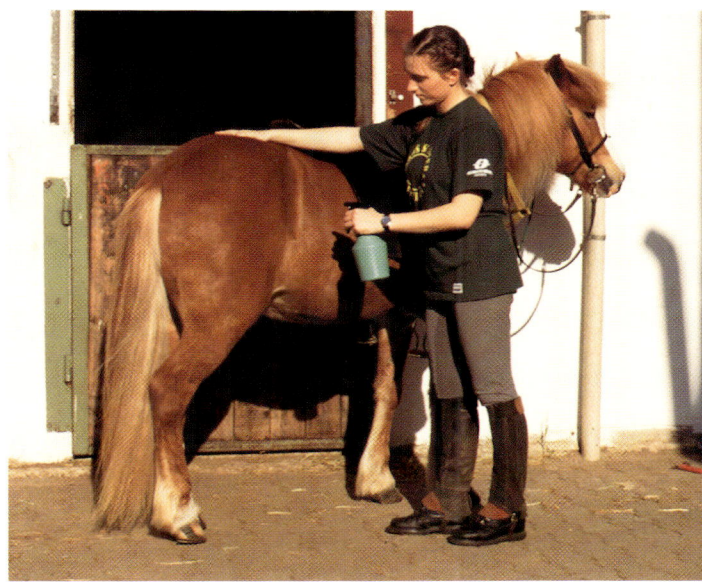

PRAXISTIPS

· Spritzen oder waschen Sie Ihr Pferd bei heißer Witterung vor dem Ausreiten mit Wasser ab. Es fühlt sich dann frischer, ist gehfreudiger, hat weniger Eigengeruch und kommt nicht so schnell ins Schwitzen

· Waschen Sie im Sommer öfter die Satteldecke, um festgesetzten Schweiß zu entfernen, der sonst Insekten anlockt

Im Hochsommer kommt es außerdem häufiger zu Gewittern, meist in den späten Nachmittags- und frühen Abendstunden. Wenn man als Geländereiter in ein Gewitter gerät, kann das unter Umständen schlimme Folgen haben: Der Donner kann das Pferd erschrecken, herabprasselnde Hagelkörner tun auf nackter Haut spürbar weh und nicht zuletzt besteht die Gefahr, vom Blitz getroffen zu werden. Deshalb sollte man den Ausritt besser verschieben oder vorzeitig abbrechen, wenn ein Gewitter im Anzug ist. Wird man jedoch mitten im Gelände vom Gewitter überrascht, muß man so schnell wie möglich einen sicheren Ort aufsuchen. Das kann der nächste Bauernhof, eine nahegelegene Ortschaft oder eine Straßenunterführung sein. Auch in Talsenken, Hohlwegen und im Waldesinnern (mindestens 150 Meter vom Waldrand entfernt) ist man relativ sicher. Dagegen sollten Bergkuppen und Hochebenen, Gegenstände aus Metall (Strommasten, Elektrozäune), Wasserstellen, Freiflächen und Lichtungen unbedingt sofort verlassen und gemieden werden! Auch in freistehenden Feldscheunen ohne Blitzableiter sowie unter einzelnen hohen Bauten oder Bäumen ist es lebensgefährlich! Völlig egal ist, um welche Baumart es sich hierbei handelt. Denn das Sprichwort „Eichen sollst du weichen, Buchen sollst du suchen" ist falsch und sollte ganz aus dem Gedächtnis gestrichen werden.

Bei hohem Insektenaufkommen wird das Pferd gut eingesprüht.

ten Weg gleich anzutraben. Denn unter dem Laub können sich Steine, Löcher und Wurzeln befinden, die man nicht sofort ausmachen kann, und so mancher Weg entpuppt sich bei näherer Betrachtung als wahre Stolperstrecke. Im Wald sollte zu dieser Jahreszeit auch auf am Wegesrand abgestellte Fahrräder geachtet werden, die meist Pilzsuchern gehören, die im Unterholz herumwuseln und die Pferde erschrecken können.

Hingegen kann das Reiten im Spätherbst eher ungemütlich werden, wenn Dauerregen alle unbefestigten Wege und Pfade in regelrechte Schlammpisten verwandelt. Wegen des Ausgleitrisikos und mit Rücksicht auf die Pferdebeine sollte man in tiefem Matsch nur Schritt reiten. Vorsicht ist auch geboten, wenn die ersten Herbststürme Einzug halten: Herumfliegende oder aufgewirbelte Gegenstände, flatternde Plastikplanen und heulende, zischende oder knatternde Geräusche regen vor allem junge Pferde auf und versetzen sie in eine Art Dauerstreß.

Strommasten müssen bei Gewitter gemieden werden.

Für viele Geländereiter ist der frühe Herbst mit seinen bunt gefärbten Laubbäumen und den noch angenehmen Temperaturen ohne große Insektenplage die schönste Reitzeit des Jahres. Stoppelfelder laden zum Galoppieren ein, und durch das herabfallende Laub sind sogar sonst harte Wege gut bereitbar. Doch sollte man sich nicht verleiten lassen, auf einem laubbedeck-

Beim Galopp über Stoppelfelder werden Reiterträume wahr.

Bei starken Sturmböen besteht besonders an Waldrändern und unter einzelnen Bäumen die Gefahr von herabfallenden Ästen. Wege am Waldrand oder auch Baumalleen sollte man deshalb bei Sturm unbedingt meiden. Im Waldesinnern ist es dagegen relativ windgeschützt. Doch auch hier können einzelne Äste plötzlich von den Baumwipfeln herunterkrachen, wenn der Wind über den Wald hinwegpfeift. Am sichersten ist also, man wartet das Sturmtief ab oder verlegt den Ritt an solchen Tagen in die Reitbahn.

Eine verschneite Winterlandschaft hat auch für Geländereiter ihren ganz besonderen Reiz. Es gibt fast nichts Schöneres als bei Sonnenschein durch frischen Pulverschnee zu traben. Im Schnee laufen Barhufpferde recht sicher, während beschlagene Pferde Gummieinlagen (sogenannte Hoofgrips) benötigen, die die lästige Schneeklumpenbildung in den Hufen verhindern.

Setzt Tauwetter ein, muß allerdings wieder vorsichtiger geritten werden. Denn dann wird der Schnee allmählich zu dreckigem Matsch, der sich auf asphaltierten Wegen in eine Art glitschiger „Schmierseife" verwandelt. Hier sollte man auf den Randstreifen ausweichen oder – wenn möglich – auf Gras- und Kieswegen reiten. Zudem muß mit kleinen Schneelawinen gerechnet werden, die von den Bäumen herunterprasseln oder von Hausdächern herunterrutschen.

Bei Dauerfrost ohne Schnee werden zuvor matschige Wege und Pfade zu holprigen Stolperfallen, die man nach Möglichkeit ganz meiden sollte. Auch befestigte Wege sind in dieser Zeit knüppelhart gefroren und vorwiegend langsam zu bereiten. Einzig Wiesenwege und Randstreifen mit Laubresten sind weich genug und für eine längere Trabeprise geeignet.

Am gefährlichsten für Reiter und Pferd ist Glatteis, das sich besonders

Winterfreuden: Ein flotter Trab im Pulverschnee macht Roß und Reiter gleichermaßen Spaß.

bei Bodenfrost und Regen bildet und alle Wege mit einer spiegelblanken Eisschicht überzieht. Wer keine Ausweichmöglichkeit auf Schotter oder Wiesen hat, sollte vorsichtshalber zu Hause bleiben oder sein Pferd mit Widiaspikes ausrüsten, die in die Hufeisen geschweißt oder in Hufschuhe geschraubt werden. Diese kleinen Stahlstifte bohren sich ins Eis und sorgen für Griffigkeit.

Grundsätzlich muß man in der Winterperiode Gangart und Tempo stets den jeweils herrschenden Bodenverhältnissen anpassen. Zum Aufwärmen von Muskeln und Sehnen braucht das Pferd in der kalten Jahreszeit eine besonders lange Lösungsphase im Schritt. Auf ausgiebige und anstrengende Galoppaden sollte möglichst verzichtet werden, weil das dichte Winterfell nur sehr langsam abtrocknet.

Außerdem sollte man bei extremer Schnee- und Eisglätte absitzen und sein Pferd führen. Das Führen des Pferdes zwischendurch hilft übrigens auch wirksam, wenn man bei Minusgraden fröstelt oder um die Durchblutung von steifgefrorenen Beinen und Füßen in klirrender Kälte anzuregen.

PRAXISTIPS

· Überprüfen Sie den Sitz des Zaumzeugs. Bei einigen, sehr dickpelzigen Tieren muß es unter Umständen weiter geschnallt werden
· Wärmen Sie Metallgebisse mit der Hand oder warmem Wasser vor dem Aufzäumen an

· Gewöhnen Sie Ihr Pferd an winterliche „Erscheinungen" wie Skifahrer, Rodler, Schlittschuhläufer, aber auch Schneeräum- und Streufahrzeuge sowie Verkaufsstände für Weihnachtsbäume, die häufig am Ortsrand kurzfristig errichtet werden
· Denken Sie daran, daß eine Schneedecke die Ihrem Pferd vertraute Landschaft plötzlich ganz anders erscheinen läßt und es deshalb zu Schreckhaftigkeit neigen kann
· Vorsicht bei Schneewehen: Es könnten sich Gräben, Zäune und andere Gegenstände darunter verbergen!

VERSORGUNG DES PFERDES NACH DEM AUSREITEN

Unabhängig von der Jahreszeit müssen die Pferdebeine nach dem Ausritt auf mögliche Verletzungen und Schwellungen hin kontrolliert sowie die Hufe sorgfältig ausgekratzt und eventuell eingetretene Fremdkörper entfernt werden. Schlamm und Dreck sollten abgewaschen oder abgespritzt und bei feuchtkalter Witterung anschließend trockengerubbelt werden. Nach anstrengenden Ritten empfiehlt sich außerdem eine längere Kühlung der Pferdebeine.

Dreckverschmierte Stellen und Schweiß am Maul, an der Schweifrübe und im Fell müssen mit einem Schwamm ausgewaschen und mit einem Frottiertuch abgerieben werden. In der Winterzeit nimmt man hierzu warmes Wasser und deckt anschließend das Pferd ein, bis es trocken ist. Nach dem Abtrocknen müssen verklebte Fellhaare mit einem Nadelstriegel aufgebürstet werden, damit sich die einzelnen Haare wieder aufstellen und ihre Funktion als Wärmeisolierung wahrnehmen können. Das ist besonders für robust gehaltene Pferde wichtig! Im Sommer kann man seinem Pferd auch eine erfrischende Dusche gönnen, indem man es mit dem Wasserschlauch an einem zugfreien Platz abspritzt. Man beginnt mit den Pferdebeinen und spritzt dann von Brust und Hals ausgehend den ganzen Pferdekörper mit einem möglichst fein streuenden Wasserstrahl ab. Bei empfindlichen Pferden muß jedoch mit kaltem Wasser oder einem harten Wasserstrahl in der Sattellage behutsam umgegangen werden. Anschließend wird das Pferd mit einem Schweißmesser abgezogen und sollte die Möglichkeit erhalten, sich „trockenwälzen" zu können.

Nach dem Ausreiten haben Pferde in der Regel vermehrt Durst. Hierzu benötigen sie ausreichend frisches und richtig temperiertes Wasser. Die Idealtemperatur liegt zwischen neun und zwölf Grad. Vor allem im Winter muß darauf geachtet werden, daß das Tränkewasser nicht zu kalt ist! Bei stark erhitzten Pferden sollte man außerdem mit dem Tränken warten, bis sich Herz und Atmung beruhigt haben. Um ihre normale Körpertemperatur auch bei kalter Witterung konstant halten zu können, benötigen Pferde im Winter mehr Brennwerte (Kcal/KJ). Deshalb sollte man ihnen nach einem kräftezehrenden Winterausritt eine Extraportion Rauhfutter und zusätzlich ein paar Möhren oder Äpfel reichen.

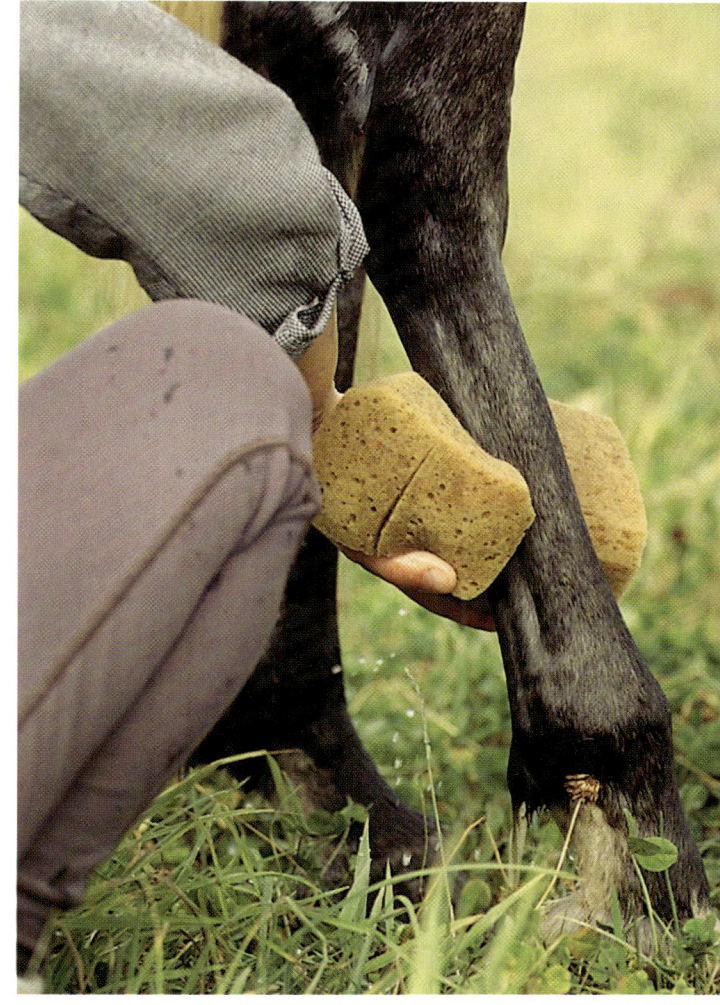

Nach jedem Ausritt müssen die Pferdebeine kontrolliert und gesäubert werden.

PRAXISTIPS

· Zum Abtrocknen sowie zum Schutz vor Nässe hat sich im Winter die Neuseelanddecke bestens bewährt

· Vergessen Sie nach dem Abspritzen im Sommer nicht, Ihr Pferd nochmals mit Insektenschutzmittel einzusprühen, bevor Sie es auf die Weide oder auf den Paddock entlassen

den. Die Gewöhnung an Motorgeräusche und Hupen kann man bereits auf dem heimatlichen Hofgelände trainieren, bevor man an der Seite eines verläßlichen Lehrpferdes zunächst auf wenig befahrenen Straßen übt. Der Reiter ist außerdem als Verkehrsteilnehmer verpflichtet, sich über die allgemeinen und besonderen Bestimmungen der Straßenverkehrsordnung zu informieren, um sich vorschriftsmäßig verhalten zu können.

VERKEHRSREGELN FÜR REITER

Pferde dürfen im Straßenverkehr nur von Personen begleitet werden, die genügend auf sie einwirken können. Nach § 28 der StVO gelten für Reiter und Führer von Pferden die für den gesamten Fahrverkehr einheitlichen Regeln und Anordnungen.

Die Verkehrsregeln sollten jedem Geländereiter geläufig sein.

REITEN IM STRASSEN- VERKEHR UND IN BALLUNGS- GEBIETEN

In der heutigen Zeit ist es kaum noch machbar, stundenlang ins Gelände zu reiten, ohne eine Straße zu überqueren, eine Ortschaft zu passieren oder an Bahngleisen entlangreiten zu müssen.

Fuß- und Radwege sind für Reiter tabu.

Deshalb muß jedes Geländepferd absolut verkehrssicher sein und so früh wie möglich mit dem Straßen- und Schienenverkehr vertraut gemacht wer-

Reiter sind nicht vorfahrtsberechtigt und müssen als „langsames Fahrzeug" den äußersten rechten Fahrbahnrand benutzen. Auf dem Seitenstreifen darf prinzipiell nicht geritten werden – es sei denn, die Verkehrslage erfordert ein solches Ausweichmanöver. Auch Wege für Fußgänger und Fahrradfahrer sind für Reiter grundsätzlich verboten. Wenn jedoch Gefahr im Verzug ist und hierdurch eventuell ein Unfall verhindert werden kann, ist es ratsam, auch solche Wege kurzfristig zu nutzen, vorausgesetzt man behindert oder gefährdet niemanden.

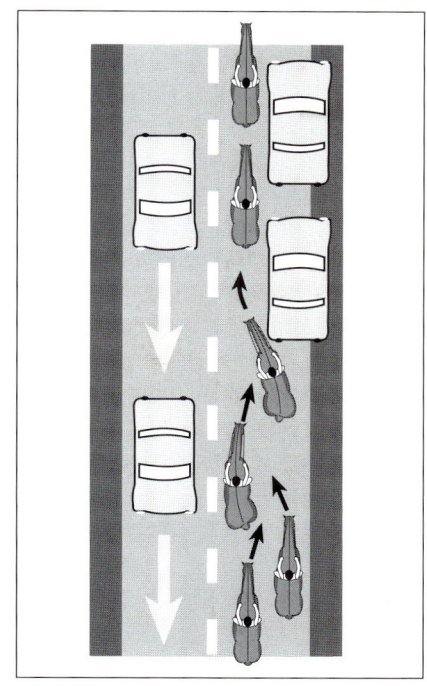

Laut § 27 der StVO ist eine Reitgruppe ein „geschlossener Verband", der als solcher erkennbar sein muß und als ein Verkehrsteilnehmer definiert ist. Der Führer eines Verbandes ist für die Sicherheit und die Einhaltung der Verkehrsregeln verantwortlich. In kleinen Gruppen wird einzeln hintereinander, in größeren Gruppen zu zweit nebeneinander geritten, wobei unsichere Pferde oder Reiter stets auf der dem Verkehr abgewandten Seite gehen sollten. Sehr große Reitgruppen müssen sich gemäß § 27 (zu jeweils sechs Paaren) aufteilen und für den übrigen Verkehr eine angemessene Lücke freilassen. Der Abstand zwischen den beiden Abteilungen sollte mindestens 25 Meter betragen. Trifft ein Verband auf eine Engstelle, etwa ein geparktes Auto, muß vor dem Ausscheren sowohl der rückwärtige als auch der entgegenkommende Verkehr beachtet und durch deutliche Handzeichen aufmerksam gemacht werden. Zum Passieren der Engstelle wird einzeln hintereinander geritten, wobei sich die Reiter wie beim Einfädelprinzip der Autofahrer verhalten.

Vor einem Richtungswechsel oder einer Straßenüberquerung müssen ebenfalls entsprechende Handzeichen gegeben werden. Bei einer Reitgruppe ist es der erste, mittlere und letzte Reiter, der das Zeichen mit seinem dem Verkehr zugewandten Arm gibt. Einzelne Reiter bleiben am Straßenrand so lange stehen, bis eine gefahrlose Überquerung der Straße möglich ist. Reitgruppen sammeln sich zu zweit dicht aufgeschlossen an Kreuzungen, warten eine ausreichend große Verkehrslücke ab und reiten dann gemeinsam zügig hinüber. Auf stark oder schnell befahrenen Straßen sollte die Fahrbahn während der Überquerung abgesichert werden, indem sich das vordere Reiterpaar trennt, in der Mitte der linken beziehungsweise rechten Fahrbahn stehenbleibt und den Verkehr in beiden Fahrtrichtungen durch deutliche Handzeichen anhält.

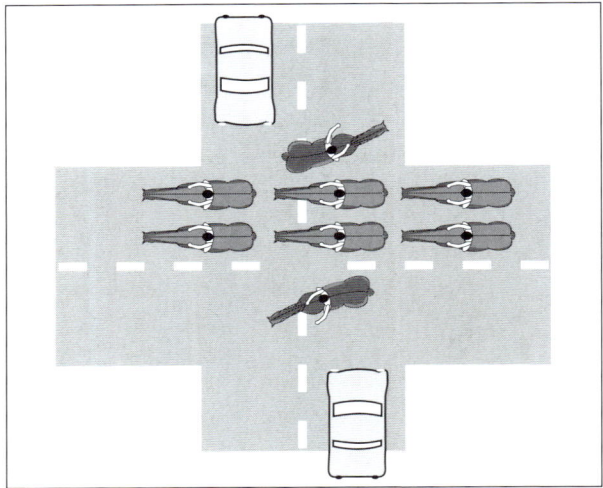

Will eine Reitgruppe auf einer Straße umkehren, reitet man wieder einzeln hintereinander dicht auf. Der Rittführer gibt dann bei einer genügend großen Verkehrslücke das Kommando „links um", worauf alle Reiter gleichzeitig abwenden, die Straße überqueren und sich wieder hintereinander einordnen. Der ursprünglich letzte Reiter muß nun die Tête übernehmen und aus diesem Grund wissen, wohin er reiten soll.

Das Führen von Pferden ist laut Straßenverkehrsordnung ebenfalls nur am rechten Straßenrand erlaubt, wobei das oder die Führ- oder Handpferde immer auf der verkehrsabgewandten Seite gehen müssen. Werden mehrere Pferde mitgeführt, müssen sie miteinander verbunden sein. Nach der StVO ist es gestattet, bis zu zwei Handpferde und vier Führpferde gleichzeitig mitzunehmen, was jedoch ein sehr riskantes Unternehmen ist. Denn selbst wenn alle Pferde im Grunde ruhig und verkehrssicher sind, kann ein Scheuen nie ganz ausgeschlossen werden. Im Notfall können mehrere Pferde sicherlich nicht von einer Person unter Kontrolle gehalten werden und stellen dann ein hohes Gefahrenpotential dar. Aus Sicherheitsgründen sollte man im Straßenverkehr nach Möglichkeit immer nur ein Pferd mit sich führen. Schließlich ist das Führen von Pferden von Kraftfahrzeugen und Fahrrädern aus untersagt. Nach § 46, Abs. 6 der StVO kann jedoch diesbezüglich eine Ausnahmegenehmigung eingeholt werden.

Gemäß § 28 der StVO besteht für Reiter im Dunkeln oder bei Nebel eine Beleuchtungspflicht mit einer nach vorne und hinten sichtbaren, aber nicht blendenden Lampe. In einer Reitgruppe müssen der erste, mittlere und letzte Reiter beleuchtet sein, wobei das Licht an der dem Verkehr zugewandten Seite angebracht werden muß. Im Reitsporthandel sind Stiefellampen erhältlich, die diese Vorschrift gut erfüllen. Anstatt einer Lampe sind auch Leuchtgamaschen zulässig. Zusätzlich sollte man sich und sein Pferd aber unbedingt mit einer fluoreszierenden Schlupfweste sowie reflektierenden Bändern ausrüsten, die mittels Klettverschlüssen an Armen und Beinen befestigt werden.

Verkehrsunsichere Pferde führt man über die Straße.

PRAXISTIPS

· Halten Sie sich zu Ihrer eigenen Sicherheit und aus versicherungsrechtlichen Gründen an die geltenden Verkehrsregeln für Reiter und vergessen Sie nie, die entsprechenden Handzeichen zu geben!

· Reiten Sie im Straßenverkehr stets vorsichtig und vorausschauend. Bedenken Sie, daß andere Verkehrsteilnehmer in der Regel pferdeunkundig sind

· Behalten Sie immer auch den rückwärtigen Verkehr im Auge und veranlassen Sie eventuell zu schnell oder zu dicht auffahrende Fahrzeuge durch rechtzeitige Handzeichen zum Abbremsen und Abstand halten, aber verlassen Sie sich nicht darauf!

· Denken Sie daran, daß sich unsichere Pferde vor allem vor besonders großen und lauten Fahrzeugen wie Bussen, Lastwagen und Motorrädern fürchten, und beugen Sie entsprechend vor

· Bringen Sie sich und Ihr Pferd nicht unnötig in Gefahr und meiden Sie vor allem stark befahrene Straßen und benutzen Sie statt dessen - wenn vorhanden - Brücken oder Unterführungen

Wo es möglich ist, sollten Geländereiter verkehrsfreie Brücken benutzen.

REITEN ÜBER BRÜCKEN UND DURCH UNTERFÜHRUNGEN

Über oder unter Autobahnen, Schnellstraßen und Eisenbahnschienen führen in regelmäßigen Abständen Brücken und Unterführungen, die gemeinhin auch Reitern zur Verfügung stehen. Sind diese Bauten für den Kraftfahrzeugverkehr gesperrt, ist man als Reiter zwar vor einer unmittelbaren Gefahr durch Autos gefeit, doch muß dafür bei unerfahrenen Pferden mit Nervosität gerechnet werden.

Wer schon einmal zu Fuß über eine Autobahnbrücke oder durch eine Eisenbahnunterführung gegangen ist, weiß, wie laut und unangenehm das schon für uns Menschen ist. Man kann nur erahnen, wie erst einem Pferd zumute sein muß, dem Güterwaggons über seinen Kopf hinwegrattern oder Lastwagen mit flatternden Planen unter seinen Hufen hindurchsausen.

Deshalb sollten junge Pferde sehr behutsam und zunächst im Schlepptau eines verkehrssicheren Tieres an solche schwierigen Aufgaben herangeführt werden. Für die ersten Male sollte man einen verkehrsberuhigten Zeitpunkt wählen. Günstig sind Sonn- und Feiertage mit eingeschränktem Schwerverkehr.

Brücken oder Unterführungen, die von Autos befahren werden dürfen, sind für Reiter dagegen riskant. Denn zum einen fehlt die Möglichkeit, im Notfall ausweichen zu können und zum anderen sind viele Pferde mit dem enormen Verkehrsaufkommen, das jetzt nicht nur von oben oder unten, sondern auch von hinten und vorne auf sie einwirkt, schlichtweg überfordert. Ist man sich also nicht ganz sicher, daß sein Pferd diese Anforderungen mühelos meistert, sollte man lieber einen Umweg in Kauf nehmen und das nächstliegende, für den Verkehr nicht freigegebene Bauwerk passieren.

PRAXISTIP

Vorsicht: In der kalten Jahreszeit besteht auf allen Brücken erhöhte Glättegefahr!

RICHTIGES VERHALTEN IM EISENBAHN- UND SCHIENENVERKEHR

Gelegentlich führen Reitwege an Bahngleisen entlang, an deren Geräuschkulisse sich Pferde erst gewöhnen müssen. Besondere Vorsicht ist angesagt bei schnellen ICE-Zügen, die durch ihren enormen Fahrtwind allen möglichen Unrat aufwirbeln, der häufig an den Gleisrändern herumliegt. Auch Güterzüge können durch ihr lautes Knattern zum Schreckgespenst für Pferde werden. Besitzt man also ein Pferd, das den Zugverkehr noch nicht kennt, sollte man es bei einem herannahenden Zug anhalten und mit seinem Kopf in die Richtung drehen, aus der der Zug kommt. Während der Zug vorbeifährt, läßt man das Pferd stehen und beruhigt es. Später kann man dann auch im Schritt weiterreiten, sollte das Pferd aber immer auf von hinten heranfahrende Züge aufmerksam machen.

Auf einer übersichtlichen Strecke ist ein herannahender Zug rechtzeitig zu erkennen. Dagegen muß man auf einer unübersehbaren Strecke stets auf der Hut sein und sich mit einem Auge auch nach hinten orientieren. Ist ein Bahnübergang in Sichtweite, kann beruhigt weitergeritten werden, solange der Kraftfahrzeugverkehr über die Gleise fährt. Sobald er aber zum Stillstand kommt, muß mit einem Zug gerechnet werden.

Auch beim Vorbeireiten an kleinen Bahnhöfen für den Personennahverkehr muß man auf mögliche Schrecksituationen gefaßt sein. Bremsende Züge quietschen meist ziemlich laut, und beim Anrollen ist ein merkwürdig klackendes Geräusch zu hören. Fahrgäste, die über den Bahnsteig rennen, umfallende Gepäckstücke oder dröhnende Lautsprecherdurchsagen sind weitere Gründe für ein vorsichtiges Passieren von Bahnhöfen zu Pferde.

Einfach die Bahnschienen auf freier Strecke zu überqueren ist nicht nur streng verboten, sondern auch lebensgefährlich! Für Gleisüberquerungen

müssen Reiter deshalb die offiziellen Bahnübergänge benutzen. Bei geschlossener Schranke sitzt man am besten ab und wartet mit seinem Pferd abseits des Bahn- und Autoverkehrs, bis der Zug vorbeigefahren ist und sich die Autoschlange aufgelöst hat. Dann reitet oder führt man sein Pferd am äußersten rechten Fahrbahnrand hinüber. Mit sehr mutigen und unerschrockenen Pferden kann man auch direkt vor der Bahnschranke stehen-

Ein Geländepferd muß auch an den Schienenverkehr gewöhnt werden.

Wie alle anderen Verkehrsteilnehmer überqueren Reiter die Schienen an der öffentlichen Bahnschranke.

In Wohngebieten ist es sicherer, wenn man absitzt und sein Pferd führt.

schungsmomente, die einem in Wohngebieten widerfahren können. Deshalb ist es hier zu Fuß gelegentlich sicherer, zumindest aber weniger nervenaufreibend.

Da Aufregung bekanntlich die Verdauung anregt, muß man unter Umständen nach dem Ausritt die Pferdeäpfel beseitigen oder mit dem Fuß dorthin schieben, wo der Haufen keinen Anwohner stört. Manchmal findet sich auch ein Hobby- oder Kleingärtner, der die Pferdeäpfel als Dünger für seine Blumen- oder Gemüsebeete nutzt. In der Regel aber wird Pferdemist als Ärgernis angesehen, den man in Wohngebieten besser verschwinden lassen sollte.

Firmen, Baumärkte und große Supermarktketten haben ihren Sitz meist in sogenannten Gewerbegebieten an Orts- oder Stadträndern, an denen so mancher Reiter auf seinem Weg ins Gelände vorbei muß. Vor allem zu den Einkaufszeiten herrscht hier ein reges Treiben von Menschen, die genervt von ihren Einkäufen nach Hause fahren oder verzweifelt nach einem Parkplatz suchen. Rücksichtnahme gegenüber Reitern darf man hier nicht erwarten! Auch LKW-Fahrer, die die Geschäfte und Betriebe werktags beliefern, sind oftmals gehetzt und Reitern nicht sehr freundlich gesinnt. Deshalb sollte man hier besonders vorsichtig reiten und sich bei Konflikten defensiv verhalten, um Unfälle zu vermeiden.

bleiben und gleich weiterreiten, wenn der Schlagbaum wieder oben ist. Das sollten aber wirklich nur die Reiter tun, die sich ganz sicher sind, daß ihr Pferd weder vor dem dicht vorbeirollenden Zug noch vor dem Schließen und Öffnen der Schranken scheut. Auch das Anlassen der Automotoren und das geräuschintensive Überfahren der Schienen beim Überqueren des Bahnübergangs dürfen das Pferd nicht aus der Ruhe bringen oder gar zu einem gefährlichen Ausbrechversuch veranlassen!

PASSIEREN VON WOHN- UND GEWERBEGEBIETEN

Auf längeren Ritten kann es vorkommen, daß man mitten durch eine Ortschaft reiten muß. Spielende Kinder, laufende Rasenmäher oder Heckenscheren, rollende Mülltonnen oder Türen, die plötzlich zuschlagen, sind nur einige Beispiele für Überra-

PROBLEM-PFERDE IM GELÄNDE

Kein Pferd wird als schwieriges Tier geboren. In den meisten Fällen hat der Mensch Probleme wie Steigen, Durchgehen oder Kleben durch Fehler in der Haltung, beim Umgang oder Reiten, aber auch durch unpassende Ausrüstungsteile selbst verschuldet.

Das Pferd reagiert lediglich auf Defizite, unfaire Behandlung, Überforderung oder Unbehagen mit Widersetzlichkeiten oder Resignation. Insofern sind Probleme bei Pferden auch keine „Untugenden", sondern vielmehr „Hilferufe", deren jeweilige Ursache wir Menschen herausfinden und abstellen müssen.

Im Gelände können Problempferde ihre Reiter in prekäre oder sogar gefährliche Situationen bringen, weshalb man möglichst nie alleine, sondern immer mindestens zu zweit sowie mit der entsprechenden Sicherheitsausrüstung ausreiten sollte. Reitanfänger sind den Schwierigkeiten, die sich mit solchen Tieren ergeben, zudem oftmals nicht gewachsen. Darum gehört die Korrektur von Problempferden in die Hände von pferde- und reiterfahrenen Menschen, die die Gründe für ein bestimmtes Verhalten erkennen und bei akuter Gefahr richtig reagieren können.

STOLPERN

Ständiges Stolpern kann verschiedene Ursachen haben. Häufig ist ein fehlerhafter Hufbeschlag daran schuld, der entweder den Hufmechanismus durch das Nageln über die weiteste Stelle hinaus beeinträchtigt oder eine unzureichende Zehenrichtung aufweist, wodurch die Pferde nicht ausreichend abrollen können und bei der kleinsten Unebenheit ankanten. Aber auch ein überfälliger Beschlag mit extrem langer Zehenbildung sowie Stellungsfehler, Exterieurmängel oder andauernde Schmerzen in den Beinen können für das Stolpern verantwortlich sein.

Sind Erkrankungen oder beschlagsbedingte Ursachen auszuschließen, können auch Reitfehler oder ein schlecht sitzender Sattel eine Stolperneigung bewirken. So stolpern überforderte oder erschöpfte Pferde oft schon auf geradem und ebenem Untergrund. Satteldruck behindert außerdem die

Reine Boxenhaltung führt oft zu Problemen im Gelände.

73

Das Reiten über unterschiedlich hohe Stangen wirkt häufigem Stolpern entgegen.

Rückentätigkeit und führt zu Verspannungen mit einer passiven Hinterhand, wodurch das Pferd vermehrt auf der Vorhand läuft und zum Stolpern tendiert.

Schließlich können auch Unaufmerksamkeit oder gebäudebedingte Handicaps permanentes Stolpern auslösen. Vor allem sogenannte Rechteckpferde mit langgestreckten Rücken neigen zur Vorhandlastigkeit. Diese Pferde müssen durch entsprechende Reiterhilfen zu mehr Aktion aus der Hinterhand veranlaßt werden, um mit der Vorhand freier und höher agieren zu können. Bei unaufmerksamen Pferden fördert eine wohldosierte Cavaletti-Arbeit bewußtes Hinschauen und Trittsicherheit.

BUMMELN

Wenn ein Pferd selbst im Gelände nur mit Mühe vorwärts zu bewegen ist, liegen nicht selten schwerwiegende physische Störungen wie Rückenprobleme, Muskelentzündungen oder Erkrankungen der Gliedmaßen vor. Ein eieriger, klammer Gang kann zudem auf eine schleichende Hufrehe oder chronische Huflederhautentzündung hinweisen. Eine allgemeine Konditionsschwäche kann ferner mit einem Herzfehler oder einer Lungenkrankheit zusammenhängen.

Aber auch unzulängliche oder zu konzentrierte Fütterung (Überfettung) können Pferde schlapp und träge machen. Natürlich kann auch eine per-

manente Überbelastung (beispielsweise bei Schulpferden) die Ursache sein, und nicht zuletzt muß das Alter des Pferdes berücksichtigt werden.

Ist das Pferd jedoch kerngesund, ist meist monotones und stereotypes Reiten am Bummeln schuld. Wer immer dieselbe eintönige Strecke reitet und über lange Etappen in derselben Gangart vorwärtstrottet, langweilt sein Pferd und darf sich über ein lustloses Dahinschleichen nicht wundern. Hier können nur häufiger Gangartenwechsel, abwechslungsreiches Gelände und interessante Zusatzaufgaben die „Lebensgeister" wecken, Neugierde schaffen und zu mehr Lauffreude motivieren.

STÜRMEN

Das gegenteilige Problem hat man, wenn Pferde heftig vorwärtsstürmen und mit festgehaltenem Rücken und durch Tiefernehmen des Kopfes versuchen, das Tempo selbst zu bestimmen. Dabei liegen sie entweder auf dem Zügel oder gehen mit dem Kopf auf der Brust hinter dem Zügel, um sich den Reiterhilfen zu entziehen.

Als Ursachen kommen Bewegungsmangel oder fehlerhafte Ausbildung des Pferdes, zu scharfe Zäumungen oder eine zu harte Reiterhand sowie nicht passende Sättel in Frage. Meist ist falsche Haltung mit starker Einschränkung des Lauftriebes der Hauptgrund für Zackeln und Hektik, besonders bei jungen und temperamentvollen Pferden. Die Umstellung auf eine artgerechte Haltungsform mit viel Bewegungsfreiheit schafft in der Regel

Pferde, die sich im Freilauf austoben dürfen, neigen selten zum Stürmen und Durchgehen.

längeren Zeitraum und ein feinfühliger Wechsel zwischen Schritt- und Trabphasen, indem man das Pferd bewußt antreibt, aber sofort wieder durchpariert, sobald es droht außer Kontrolle zu geraten. Wichtig ist hierbei, daß die Zügel nicht andauernd anstehen, sondern nur zum Durchparieren kurz angenommen werden. Denn das Pferd soll lernen, im Schritt und Trab am langen Zügel zu gehen, später auch zu galoppieren, ohne das Tempo eigenmächtig zu verstärken. Auch Pausen zwischendurch, bei denen man die Tiere grasen läßt, wirken beruhigend und entspannend auf hektische Pferde.

DURCHGEHEN

Das Stürmen kann sich bis zum Durchgehen steigern, aber auch das gegenseitige Anstacheln beim Gruppengalopp sowie das selbständige Angaloppieren des Pferdes können hierzu beitragen. Viele Pferde gehen auch nach dem Scheuen durch, indem sie vor der vermeintlichen Gefahr die Flucht ergreifen, die sich bei großen Angstzuständen bis zu kopfloser Panik verschärfen kann. Während sich gut ausgebildete, durchlässige Pferde oftmals durch abwechselnd einseitigen Zügelanzug nach ein paar hundert Metern stoppen lassen, ist der Reiter bei einer panischen Flucht im wilden Galopp relativ hilflos.

Hier kann man nur noch versuchen, wenigstens die Richtung zu bestimmen, um das Pferd in eine Sackgasse zu lenken und den Moment des Zögerns auszunutzen, um es anzuhalten. Wichtig ist, daß man einen kühlen Kopf bewahrt und das Pferd nicht anschreit

Das Durchreiten eines Flattervorhangs gehört zu einem wirksamen Anti-Scheu-Programm.

schnell Abhilfe. Sachgemäß angepaßte Sättel, mild wirkende Gebisse und eine einfühlsame Reiterhand verbunden mit einer fachgerechten Ausbildung des Pferdes sind weitere Korrekturmaßnahmen.

Während einige Pferde nach einem befreienden, aber kontrollierten Galopp schon merklich ruhiger gehen, puschen sich andere in schnellen Gangarten erst richtig auf. Hier hilft nur konsequentes Schrittreiten über einen

oder heftig an den Zügeln zerrt. Denn ein solches Vorgehen bewirkt nur das Gegenteil! Auch das so oft empfohlene „Aufzirkeln" funktioniert in einer rasenden Flucht meist nicht, weil das Pferd mit hoch erhobenem Kopf und durchgedrücktem Rücken über dem Zügel geht und auf keinerlei Hilfen mehr reagiert. Auf keinen Fall darf man ein Pferd bestrafen, wenn es durchgegangen ist - gleichgültig aus welchem Grund und ob es von selbst abgebremst hat oder der Reiter es zügeln konnte. Vielmehr muß die Korrektur von Durchgängern bei den Ursachen ansetzen. Dazu gehören die Befriedigung des Bewegungsdrangs, eine solide Ausbildung von Pferd und Reiter, nicht schmerzende Zäumungen und Sättel, regelmäßiges Üben des Galopps in der Gruppe durch einen versierten Reiter oder bei erhöhter Schreckhaftigkeit vertrauensbildende Bodenarbeit kombiniert mit einem speziellen Anti-Scheu-Training.

SCHEUEN

Bei vermehrter Scheuneigung liegen häufig Aufzucht- und Haltungsfehler vor. Denn durch eine isolierte Aufzucht oder Haltung oder mangelnde Umwelterfahrung wird ein unsicheres und schreckhaftes Wesen erzeugt, insbesondere, wenn das Vertrauen zum Menschen fehlt. Wird das Pferd von einem ängstlichen Reiter geritten, überträgt sich die Furcht auf das Tier und animiert es regelrecht zum Scheuen.

Auch zu kurz gehaltene Zügel können Nervosität und eine erhöhte Schreckhaftigkeit bewirken, weil das Pferd seine Umgebung nicht richtig wahrnehmen kann. Während die meisten Pferde bei plötzlichen Veränderungen oder unbekannten Dingen skeptisch reagieren, scheuen einige Tiere vor immer denselben Sachen wie beispielsweise Wasser.

Als Gegenmaßnahmen empfehlen sich eine pferdegemäße Haltung möglichst im Herdenverband, der Aufbau gegenseitigen Vertrauens durch die Arbeit an der Hand, Spazierritte am langen Zügel sowie ein behutsames Anti-Scheu-Programm, das durch Körperarbeit (Abstreichen mit verschiedenen Gegenständen) und durch das Bewältigen diverser Bodenhindernisse (Plastikplane, Flattervorhang) dem Pferd Schritt für Schritt die Angst nimmt.

STEIGEN

Das Steigen unter dem Sattel kann verschiedene Gründe haben. Einige, vor allem boden- und wasserscheue Pferde steigen aus Angst, weshalb hier nur eine schrittweise, meist langwierige Gewöhnung Abhilfe bringen kann.

Auch Pferde mit viel Vorwärtsdrang gehen levadenähnlich in die Luft, wenn man sie zu zügeln versucht. Häufig liegt auch hier ein Bewegungsmangel infolge falscher Haltung vor. Man kann ein Pferd aber auch regelrecht zum Steiger erziehen, indem man durch gleichzeitiges Treiben und Festhalten versucht, es zu versammeln. Schuld ist in diesem Fall ein schwerwiegender Reitfehler häufig in Verbindung mit einer zu groben Zügelhand oder einer als unangenehm empfundenen Gebißeinwirkung. Überforderte Pferde steigen, um sich auf diese Weise den

Reiterhilfen zu entziehen und nicht mehr weiterlaufen zu müssen.

Steigen aus echtem Ungehorsam kommt dagegen seltener vor. Hier haben die Pferde durch wiederholtes Steigen erfahren, daß sie sich so den Einwirkungen des Reiters erfolgreich widersetzen können. Zu kurieren sind solche Steiger nur, indem man sie beharrlich und energisch am langen Zügel vorwärtsreitet, weil sie nicht imstande sind zu steigen, solange sie sich in Bewegung befinden. Grundsätzlich muß man aber nach der Ursache des Steigens aus Widersetzlichkeit forschen, dem oftmals unsachgemäßer Umgang oder fehlerhafte Ausbildung vorausgegangen sind.

Speziell bei Hengsten kann das Steigen als ein an sich natürliches Imponiergehabe durch haltungsbedingte Defizite, unfaire Behandlung oder allzu große Nachgiebigkeit verstärkt und unter dem Sattel zum Problem werden.

BOCKEN

Viele junge Pferde machen beim Angaloppieren ein oder zwei Bocksprünge aus purer Lebenslust und entspannen hierdurch zugleich ihre Rückenmuskulatur. Dieses „Freibuckeln" ist aber meist harmlos und von einem sattelfesten Reiter problemlos zu sitzen. Wenn das Pferd genügend Auslauf erhält und sich vor dem Reiten zusätzlich austoben darf, kriegt man dieses Problem gemeinhin schnell in den Griff.

Häufiges Bocken mit Aufwölben des Rückens, Herunternehmen des Kopfes und Einklemmen des Schweifes kann dagegen auf drückende Sättel oder Sattelzwang infolge zu frühen und zu festen Nachgurtens zurückzuführen sein. Aber auch wiederholt erfolgreiches Absetzen des Reiters kann ein Pferd zum chronischen Bocker werden lassen. Die Korrektur kann dann nur durch einen sicheren Reiter erfolgen, der mittels abwechselnd einseitig zu gebender Aufwärtsparaden das Pferd zum Hochnehmen des Kopfes veranlaßt und dadurch am Bocken hindert. Pferde, die sich durch massives Hochspringen auf allen vier Beinen ihres Reiters bewußt entledigen wollen, haben in aller Regel schlechte Erfahrungen gemacht und sind nicht selten gewaltsam oder dilettantisch eingeritten worden. Hier muß das Pferd zunächst wieder Vertrauen gewinnen und eine solide Grundausbildung erhalten.

KLEBEN

Von Kleben spricht man, wenn sich ein Pferd gar nicht oder nur sehr schwer von seinen Artgenossen wegreiten läßt. Kleber sind meist unsichere und ängstliche Pferde, die wenig Vertrauen zum Menschen haben und sich nur in der Herde ganz sicher fühlen. Das Kleben beruht im Regelfall schon auf unzulänglichen Aufzuchtbedingungen oder fatalen Fehlern im Umgang und in der Ausbildung.

Auch Pferde, die nur zu zweit gehalten werden, können ein derart intensives Verhältnis zueinander entwickeln, daß sie sich kaum noch trennen lassen. Mit rigorosem Vorgehen kommt man hier nicht weiter, das führt nur zu einem weiteren Vertrauensverlust. Vielmehr muß ein klebendes Pferd durch vertrauensfördernde Maßnahmen dazu gebracht werden, den Menschen als ranghöheren Artgenossen anzuerkennen, bei dem es sich genauso sicher fühlen kann wie bei seinen Herdenkumpeln. Hierzu eignen sich kurze Spaziergänge an der Hand, bei denen das Pferd lernt, daß ihm nichts zustößt, und die Gewißheit erhält, daß es immer wieder zur Herde oder zum Pferdepartner zurückkehren wird. Hat es das begriffen, funktioniert im allgemeinen auch das Wegreiten. In besonders ausgeprägten Fällen sollte man anfangs führen, bis man aus Sicht- und Hörweite der zurückgebliebenen Pferde ist, und erst dann aufsitzen. Die ersten Ausritte dürfen nicht länger als dreißig Minuten dauern, um nicht erneut Mißtrauen zu wecken. Vielmehr sollte die Reitzeit und damit der Zeitraum der Trennung allmählich mit dem wachsenden Mut und Selbstbewußtsein des Pferdes ausgedehnt werden.

PRAXISTIPS

· Ignorieren Sie erste Signale und Anzeichen von Unbehagen oder Widersetzlichkeit nicht einfach, sondern forschen Sie nach dem Grund hierfür, bevor sich ein handfestes Problem daraus entwickelt

· Gehen Sie den Ursachen von Problemen auf den Grund und finden Sie selbstkritisch heraus, welche Defizite Ihr Pferd hat oder was ihm Unwohlsein oder gar Schmerzen bereitet

· Überlegen Sie, wie der oder die Problemauslöser so schnell wie möglich ausgeschaltet werden können, und meiden Sie in dieser Zeit riskante Situationen, indem Sie diese durch ungefährliche Beschäftigungen ersetzen

· Gehen Sie bei der Korrektur von Problempferden stets gut durchdacht und planmäßig vor, bauen Sie das Training schrittweise auf und bedenken Sie immer die jeweilige Tagesform des Pferdes sowie mögliche äußere Umwelteinflüsse

· Einfach bestimmte Situationen beim Ausreiten auszugrenzen, in denen das Pferd bockt, steigt oder durchgeht, ist auf Dauer keine Lösung! Fühlen Sie sich mit der Bewältigung eines Problems überfordert, gehen Sie jedoch kein Risiko ein und suchen Sie Rat und Hilfe bei einem Fachmann

TAGES- UND MEHRTAGESRITTE

Das Wanderreiten erfreut sich immer größerer Beliebtheit – sei es auf heimatlichen Pfaden oder im Reiterurlaub in fremden Gefilden. Ein solcher Langstreckenritt bedarf aber einer genauen Planung bezüglich der Streckenführung, und bei Mehrtagesritten muß man zuvor Nachtquartiere für Roß und Reiter ausfindig machen.

Zur Vorbereitung eines Wanderrittes gehört auch ein entsprechendes Ausdauertraining des Pferdes, das konditionell in der Lage sein muß, die täglich etwa dreißig Kilometer mühelos bewältigen zu können. Die Orientierung im Gelände erfolgt anhand topographischer Karten des betreffenden Gebietes im Maßstab 1 : 50.000 sowie 1 : 25.000 und eventuell durch einen Kompaß. Sowohl das Kartenlesen als auch der Umgang mit dem Kompaß sollten vorher eingeübt werden.

Für die Rittpausen empfiehlt sich ein Halfter, das man unter das Zaumzeug schnallt, und ein Führstrick, der um den Pferdehals gebunden wird und gleichzeitig als Halsriemen dient. Da man nicht immer eine geeignete Anbindemöglichkeit findet, ist es sinnvoll, ein ca. fünfzehn Meter langes und reißfestes Seil mitzunehmen, das zum Beispiel zwischen zwei Bäumen straff befestigt wird und so eine sichere Anbindevorrichtung darstellt. Für Übernachtungen und längere Pausen haben sich sogenannte Wanderreitersets bewährt, die aus zerlegbaren Pfählen, Torgriffen, Elektroband sowie einem kleinen, batteriebetriebenen Elektrozaungerät bestehen und in einer wasserdichten Packtasche verstaut sind. Mit diesen Sets lassen sich schnell

Wanderritte müssen gut vorbereitet werden.

GELÄNDE-REITEN FÜR FORTGE-SCHRITTENE

Haben Reiter und Pferd eine gewisse Geländesicherheit erreicht, kommt bei dem einen oder anderen vielleicht der Wunsch auf, sich und sein Pferd fortzubilden und sein Können unter Beweis zu stellen. Möglichkeiten für Geländereiter gibt es genug: vom Wanderritt mit Gleichgesinnten über einfache Geländewettbewerbe bis hin zum leistungsorientierten Distanzreiten. Ganz gleich aber für welchen Wettkampf man sich entscheidet, das Wohl des Pferdes sollte immer an erster Stelle stehen. Niemals darf man aus verbissenem Ehrgeiz das geduldig aufgebaute Vertrauen mißbrauchen oder die sorgfältige und mühsame Ausbildung durch Überforderung oder unfaire Behandlung aufs Spiel setzen!

Paddocks für die Wanderpferde errichten. Die weitere Ausrüstung hängt von der Rittdauer ab. Niemals fehlen sollten allerdings eine Notfallapotheke, ein Regenschutz und Behelfsbeschlagswerkzeug beziehungsweise ein Ersatzhufschuh sowie Kleingeld zum Telefonieren oder ein Handy. Die Satteltaschen müssen stets gleichmäßig bepackt werden und auf einer genügend großen Satteldecke aufliegen, damit es keine Scheuerstellen gibt. Pferdedecke, Schlafsack und Kleidungsstücke werden zusammengerollt und wasserdicht verpackt hinter dem Sattel verschnürt. Auch das Kartenmaterial sowie persönliche Papiere müssen vor Feuchtigkeit geschützt werden.

Plant man einen mehrtägigen Wanderritt, sollte man sich durch weiterführende Literatur über die notwendigen Vorbereitungen genauer informieren. Der Erste Trekking Club Deutschlands (ETCD) und die Deutsche Wanderreiter-Akademie (DWA) bieten außerdem Kurse und Lehrwanderritte für Einsteiger an.

WETTKAMPFMÄSSIGES WANDERREITEN

Seit einigen Jahren werden auch Wettbewerbe im Wander- und Trekkingreiten durchgeführt – von Einsteigerprüfungen bis hin zu Weltmeisterschaften auf hohem Niveau. Die Treck-Wettkämpfe umfassen drei Teilprüfungen, die an zwei aufeinander folgenden Tagen stattfinden.

Am ersten Wettkampftag geht es auf einem etwa fünfzig Kilometer langen Orientierungsritt nach Karte, wobei die Teilnehmer auf den einzelnen Streckenabschnitten verschiedene Tempi reiten müssen, die sie an den jeweiligen Kontrollpunkten erfahren. Der zweite Prüfungstag beginnt mit einem Gangartenwettbewerb, bei dem die Reiter eine jeweils 150 Meter lange und zwei Meter breite Bahn so schnell wie möglich im Schritt und so langsam wie möglich im Galopp durchlaufen müssen. Anschließend ist ein ca. fünf Kilometer langer Geländeritt mit 16 naturnahen Hindernissen wie zum Bei-

Moderne Satteltaschen aus Kunststoff schützen sicher vor eindringender Nässe.

Bei der Geländeprüfung muß der Wanderreiter auch ein Koppeltor vom Sattel aus öffnen können.

Distanzreiten ist Hochleistungssport zu Pferde.

spiel Steilhang, Baumstamm oder Durchreiten eines Koppeltores zu absolvieren. Jedes Hindernis wird einzeln bewertet, und für diesen Prüfungsabschnitt muß eine vorgegebene Zeit eingehalten werden. Darüber hinaus geht auch die zum Teil vorgeschriebene Ausrüstung von Reiter und Pferd in die Gesamtwertung mit ein.

Auskünfte über die Trainingsmöglichkeiten und Wettbewerbsangebote auch für Einsteiger erteilt der ETCD.

DISTANZRITTE

Distanzreiten nennt man Ritte über unterschiedlich lange Strecken auf Zeit, von Einführungsritten über 25 Kilometer bis zu 160 Kilometern bei Europa- und Weltmeisterschaften, bei denen es vor allem auf Ausdauer und geschickte Krafteinteilung ankommt. Damit die Pferde die notwendige Kondition für einen solchen Langstreckenritt aufbringen, müssen sie ein schrittweises Aufbautraining durchlaufen haben. Zudem müssen die Tiere je nach Streckenlänge ein Mindestalter aufweisen: Auf kürzeren Distanzen von 25 bis 30 Kilometern dürfen nur Pferde starten, die mindestens fünf Jahre alt sind. Für mittlere Strecken von 40 bis 60 Kilometern müssen sie sechsjährig und für die Teilnahme an langen Distanzen über 80 Kilometer mindestens sieben Jahre alt sein.

Vor dem Start erwartet die Pferde eine tierärztliche Untersuchung, und auch während des Wettbewerbs werden die Tiere in den Zwangspausen mehrfach auf ihre körperliche Verfassung hin überprüft. Bei diesen sogenannten Vet-Checks werden die Puls/Atem-

Werte gemessen, um eine Überforderung auszuschließen. Sind die Werte höher als zulässig und erholt sich das Pferd nicht innerhalb einer vorgegebenen Zeitspanne, wird es aus dem Wettkampf genommen. Jeder Distanzreiter wird außerdem von einem Betreuungsteam begleitet, das sich unterwegs und während der Stops um das Pferd kümmert, damit der Reiter sich ausruhen kann. Die Begleitcrew füttert und tränkt das Pferd, kühlt seine Beine, deckt es ein und massiert manchmal sogar die Kruppenmuskulatur des vierbeinigen Athleten, um ihn fit zu halten.

Geritten wird der „Pferde-Marathon" vorwiegend in einem flotten Trab. Kräftezehrende Galoppaden werden dagegen vermieden, und in den Schrittphasen steigen verantwortungsvolle Distanzsportler ab und führen ihre Pferde, um sie zu schonen. Oftmals sieht man kleine Grüppchen, die sich während eines Wettkampfes zusammenschließen, und nicht selten gehen diese Reiter dann auch gemeinsam durchs Ziel. Denn das Durchhalten und Ankommen ist den meisten Distanzreitern wichtiger als der Sieg selber. Gewonnen hat man aber nicht schon, wenn man die Zielgerade in der schnellsten Zeit erreicht hat, sondern erst, wenn das Pferd die anschließende Nachuntersuchung positiv bestanden hat.

Da der Distanzsport Hochleistungen von Pferd und Reiter verlangt, ist ein fundiertes und planmäßiges Training unbedingt erforderlich. Informationen über Einführungskurse und -ritte können beim Verein Deutscher Distanzreiter eingeholt werden.

RIDE & BIKE UND RIDE & TIE

Eine Alternative zum Distanzreiten ist das Ride & Bike oder das Ride & Tie. Diese Wettbewerbe werden immer paarweise ausgetragen: Während der eine Partner reitet, fährt der andere mit dem Fahrrad (Ride & Bike) oder läuft neben dem Pferd her (Ride & Tie).

Die Strecke ist festgelegt und führt je nach Austragung über eine Länge von fünf bis fünfzehn Kilometer. Etwa nach der Hälfte der Strecke müssen die Partner ihre Position wechseln, so daß beide Teilnehmer sowohl gut zu Pferde als auch auf dem Fahrrad beziehungsweise zu Fuß sein müssen. Das schnellste und besteingespielteste Paar gewinnt den Wettkampf. Auch für diese Wettbewerbsform ist eine gewisse Vorbereitung notwendig, bei der nicht nur die Pferde, sondern auch die Reiter bzw. Biker oder Jogger gut trainiert sein müssen.

Ungewohnter Anblick: Reiter und Pferd beim Ride & Bike

Die Orientierung im Gelände erfolgt nach Karte.

STERN-, ORIENTIERUNGS- UND SUCHRITTE

Sternritte sind Wanderritte, bei denen die Teilnehmer aus verschiedenen Richtungen sternförmig zu einem vereinbarten Zielort reiten und dort an einem bestimmten Tag zusammentreffen. Kleinere Sternritte werden vielerorts veranstaltet. Der wohl bekannteste ist der „Windrosen-Ritt", der alljährlich an einem anderen Ort von der Deutschen Wanderreiter-Akademie ausgetragen wird. Prämiert werden hier nicht nur die Reiter, die die weiteste Wegstrecke zurückgelegt haben, sondern auch diejenigen mit der besten Wanderreiter-Ausrüstung.

Auch Orientierungsritte werden immer beliebter und vor allem von Mitgliedern der VFD überall im Bundesgebiet organisiert. Hierbei müssen die Reiter entweder nach Karte oder einer Skizze mit Teilmarkierungen eine festgelegte Strecke absolvieren. Die Länge dieser Ritte variiert je nach Anforderungsniveau zwischen zwanzig und fünfzig Kilometern, die meist in einer vorgeschriebenen Höchstzeit bewältigt werden müssen. Zeitüberschreitungen werden durch Punktabzug geahndet. In der Regel kann man an Orientierungsritten als Einzelreiter, paarweise oder in kleinen Reitergruppen teilnehmen.

Eine Variante sind die Suchritte, bei denen man entweder nach unauffällig angebrachten Zeichen und Hinweisen die richtige Wegstrecke suchen muß oder bestimmte Aufgaben erfüllt werden müssen, um ans Ziel zu gelangen. Häufig müssen die Teilnehmer hierbei versteckte Gegenstände finden, Rätsel entschlüsseln oder pferdespezifische Fragen beantworten. Gewertet wird nicht nur die schnellste Zeit, sondern auch die Bewältigung der einzelnen Aufgabenstellungen.

GELÄNDERALLYES

Reiterrallyes sind Geländewettbewerbe auf einer vorgegebenen und markierten Strecke über etwa fünf bis fünfzehn Kilometern, die von den örtlichen Reitvereinen ausgeschrieben werden. Die Teilnehmer müssen während des Rittes geländeübliche Hindernisse überwinden, wie zum Beispiel niedrige Naturhindernisse überspringen oder Wasserstellen passieren. Hinzu kommen meist Geschicklichkeitsübungen wie das Auf- und Absitzen von rechts, Slalomreiten oder das Überreiten einer Wippe.

Einzelne Streckenabschnitte müssen zudem häufig in einer bestimmten Gangart und möglichst genauen Zeit durchritten werden. Beurteilt werden sowohl die einzelnen Hindernisse als auch die Geschicklichkeitsaufgaben sowie die Zeitstrecken.

REITJAGDEN

Wenn es Herbst wird, richten viele Reitvereine ihre jährliche Reitjagd aus. Üblich sind in Deutschland die sogenannten Schleppjagden, die hinter einer Hundemeute auf einer künstlich angelegten Fährte geritten werden oder sogenannte Fuchsschwanzjagden, bei denen ein Reiter den „Fuchs" spielt.

Die Streckenführung ist festgelegt, auf der zahlreiche feste Hindernisse errichtet sind, die aber umritten werden können. In der Regel ist eine Reitjagd in drei Felder aufgeteilt: Im ersten Feld starten nur absolut springsichere Pferde, am Ende des zweiten Feldes die weniger routinierten Springpferde und im dritten Feld wird gar nicht

gesprungen. Die wichtigste Grundregel des Jagdreitens besagt, daß im Galopp keine Vorderreiter überholt werden dürfen. Auch das Kreuzen von Mitreitern und schräges Springen sind nicht gestattet. Verweigert das Pferd, muß der Reiter sofort den Sprung freimachen und darf erst wieder anreiten, wenn die nachfolgenden Jagdteilnehmer den Sprung passiert haben.

Da das Jagdreiten große konditionelle Anforderungen an Pferd und Reiter stellt, sollte das Training schon einige Wochen vor der eigentlichen Jagd beginnen, indem man das Pferd regelmäßig auf immer längeren Ausritten im Schritt und Trab arbeitet. Unbedingt erforderlich ist auch das Üben des Gruppengalopps, bei dem das Pferd lernen muß, kontrollierbar im ruhigen Tempo zu galoppieren, ohne zu stürmen. Wer in einem der beiden Springfelder mitreiten will, muß außerdem das richtige Taxieren und flüssige Überspringen von Naturhindernissen wie Baumstämmen oder

Bei einer Geländerallye müssen die Reiter oft Teilstrecken in einer vorgegebenen Zeit bewältigen.

UNFALL-VERHÜTUNG, REITUNFÄLLE UND VERSICHE-RUNGEN

Baustellen bedeuten immer ein erhöhtes Unfallrisiko.

Strohballen rechtzeitig eintrainieren. Einige Reitvereine bieten entsprechende Vorbereitungskurse für Jagdreiter an.

An einer Reitjagd sollte man nur mit einem absolut gesunden und ausreichend konditionierten Pferd teilnehmen. Mindestens eine Woche vor der Jagd muß der Hufbeschlag überprüft sowie die Ausrüstung des Pferdes – insbesondere Zügel, Bügelriemen und Sattelgurt – auf ihre Funktionstüchtigkeit hin kontrolliert werden. Als Zusatzausrüstung empfiehlt sich ein Ringmartingal und Schutzgamaschen, die man zusätzlich mit Klebebändern sichern sollte. Für den Jagdreiter ist das Tragen eines Sicherheitshelms vorgeschrieben. Darüber hinaus sollte man unbedingt Sicherheitssteigbügel verwenden und rutschfeste Handschuhe tragen. Günstig ist es, wenn man einen Begleiter hat, der in der üblichen Jagdpause eine Pferdedecke mitbringen kann und sich nach der Jagd um das Pferd kümmert.

Was kann man tun, um Reitunfälle weitestgehend zu verhindern? Wie geht man bei einem Reitunfall korrekt vor? Und welche Versicherungen sind für Reiter und Pferd erforderlich? Insbesondere für Geländereiter ist die Beantwortung dieser Fragen von großer Bedeutung – sind sie unterwegs doch vielerlei Gefahren ausgesetzt und im Notfall meist auf sich allein gestellt.

UNFÄLLE VERMEIDEN

Laut Statistik gehört das Reiten zu den unfallträchtigsten Sportarten. Am häufigsten stürzen jedoch Reitanfänger und Leistungsreiter.

Das bedeutet, daß es den einen noch an Ausbildung und Erfahrung fehlt, während an die anderen hohe und risikoreiche Anforderungen gestellt werden. Zudem können rund 70 Prozent der Unfallfolgen als „leicht" eingestuft werden. Bei den schweren Stürzen rangieren die Kopfverletzungen mit rund 25 Prozent ganz oben, die aber durch das Tragen eines geeigneten Reithelms vermieden werden könnten. Die meisten Stürze vom Pferd geschehen aus Selbstüberschätzung, durch riskantes und leichtsinniges Reiten, mangelnde Voraussicht und Fehleinschätzung von gefährlichen Situationen sowie defekte Ausrüstungsteile. Aber auch falscher Ehrgeiz oder die Angst, sich vor anderen Reitern zu blamieren, sind die Ursachen vieler Unfälle.

Hält man dagegen einige Sicherheitsregeln ein, läßt sich das Unfallrisiko auf ein Minimum reduzieren. Hierzu gehört neben einer soliden Ausbildung von Reiter und Pferd in erster Linie eine Sicherheitsausrüstung, bei der ein Sturzhelm niemals fehlen sollte! Auch die Ausrüstung des Pferdes muß regelmäßig kontrolliert und gegebenenfalls fachgerecht repariert oder ausgetauscht werden. Im Gelände muß man zudem stets aufmerksam reiten und sein Augenmerk auf mögliche Gefahrenquellen richten. Deutet sich eine Gefahr an, muß der Reiter entsprechend reagieren und entweder rechtzeitig ausweichen oder angemessene Vorbeugemaßnahmen ergreifen.

Ganz besondere Vorsicht ist beim Reiten im Straßenverkehr angezeigt, wo nicht nur die Verkehrsregeln für Reiter strikt eingehalten werden müssen, sondern immer auch vorausschauend geritten werden soll, weil andere Verkehrsteilnehmer in der Regel pferdeunkundig sind. Bedenken muß man außerdem, daß selbst verkehrssichere Pferde durch unvorhersehbare Ereignisse panisch reagieren können und dann ein erhöhtes Unfallpotential dar-

stellen. Selbstverständlich sollte sein, daß man seine reiterlichen Fertigkeiten ehrlich einschätzt und sich nicht bewußt in Gefahr begibt oder eine Gefährdung billigend in Kauf nimmt, nur um sich anderen Reitern gegenüber keine Blöße zu geben oder gar um ihnen etwas beweisen zu wollen. Denn das könnte ins Auge gehen!

Schließlich könnten viele Verletzungen vermieden werden oder zumindest glimpflicher ausgehen, wenn die Reiter körperlich fitter und beweglicher wären. Die Arbeitsgruppe „Pferdesport & Fitness" im Institut für angewandte Sportwissenschaften hat Konzepte zur Unfallverhütung und Körpertraining speziell für Freizeitreiter entwickelt und führt entsprechende Lehrgänge durch.

PRAXISTIPS

· Tragen Sie beim Geländereiten immer einen Sicherheitshelm. Er kann Ihnen unter Umständen sogar das Leben retten!
· Lassen Sie sich vom Reitlehrer oder von Reiterkollegen nicht zu etwas drängen, was Sie sich noch nicht zutrauen. Denn die Angst des Reiters spüren Pferde sofort, was einen Unfall geradezu herausfordern kann
· Gehen Sie niemals „stocksteif" aufs Pferd, sondern machen Sie sich durch entsprechende Gymnastikübungen gelenkig
· Denken Sie daran, daß die beste Unfallverhütung eine gute Vorbereitung von Reiter und Pferd aufs Geländereiten ist

Mit einem Handy kann man im Notfall schnell Hilfe herbeiholen.

RICHTIGES VERHALTEN BEI REITUNFÄLLEN

Die Grundregel Nummer 1 bei allen Stürzen und Unfällen lautet: Ruhe bewahren! Denn hektisches oder kopfloses Handeln verschlimmert Gefahrensituationen nur und macht Pferde noch nervöser. Zunächst stellt man fest, was genau passiert ist und ob ärztliche oder tierärztliche Hilfe benötigt wird. Hat sich der Reitunfall auf einer befahrenen Straße ereignet, muß zusätzlich die Unfallstelle abgesichert und müssen eventuell freilaufende Pferde sofort eingefangen werden.

Sind Dritte wie zum Beispiel Passanten in den Unfall verwickelt, darf man sich auf keinen Fall vom Unfallort entfernen, bis die Polizei den Unfallhergang aufgenommen hat. Denn Reiter gelten auf allen öffentlichen Straßen und Wegen als Verkehrsteilnehmer, weshalb das unerlaubte Verlassen der Unfallstelle wie beim Autofahrer als Unfallflucht geahndet wird!

Gibt es verletzte Reiter oder Pferde, müssen Erste-Hilfe-Maßnahmen bis zum Eintreffen der Rettungskräfte oder des Tierarztes eingeleitet werden.

Schwerverletzte Reiter werden in die stabile Seitenlage gebracht und vor Kälte und Hitze geschützt. Bei Atemstillstand muß zudem künstlich beatmet werden. Knochenbrüche werden notdürftig stabilisiert und starke Blutungen mittels Druckverbänden gestillt. Auch wenn der Reiter nur leicht verletzt und mit dem Schrecken oder ein paar Hautabschürfungen davongekommen ist, muß dennoch festgestellt werden, ob er in der Lage ist weiterzureiten.

Schwerverletzte Pferde, die nicht imstande sind aufzustehen, müssen ebenfalls vor Kälte und Hitze bewahrt und vor allem durch eine Vertrauensperson beruhigt werden! Denn Pferde empfinden Todesangst, wenn sie nicht aufstehen können. Das kann Panikreaktionen auslösen und einen völligen Kreislaufzusammenbruch zur Folge haben. Ist ein liegendes Pferd nicht so schwer verletzt, sollte es deshalb nach Möglichkeit zum Aufstehen gebracht werden, aber bitte vorsichtig und ohne Gewalt oder Schreierei! Bei offenkundigen Kreislaufstörungen wie zum Beispiel Schwanken oder Zittern muß das Pferd sofort warm eingedeckt und beruhigt werden. Starke Blutungen sind durch Druckverbände und gegebenenfalls durch kurzfristiges Abbinden herzwärts zum Stillstand zu bringen, und Beinfrakturen werden durch straffes Bandagieren mit einem gepolsterten Stoff stillgelegt. Stark lahmende Pferde dürfen nicht mehr geführt werden, sondern müssen mit dem Pferdehänger abtransportiert werden. Ist das Pferd nur leicht verletzt, kann es als Handpferd nach Hause laufen. Dennoch muß es noch einige Zeit beobachtet werden, weil Streß und Aufregung noch nach Stunden zu körperlichen Störungen wie zum Beispiel Koliken führen können. Im Zweifel sollte grundsätzlich immer ein Tierarzt hinzugezogen werden.

Reitet man alleine aus und fällt vom Pferd, ist man natürlich auf die Hilfe von außen angewiesen, wenn der Reiter selbst oder sein Pferd verletzt ist. Im Wald kann es unter Umständen sehr lange dauern, bis ein Spaziergänger oder Radler vorbeikommt und helfen kann. Darum sollte man entweder einen Info-Zettel mit der geplanten Reitroute und ungefähren Reitzeit im Heimatstall hinterlassen oder sich mit

einem Handtelefon ausrüsten. Denn mit einem Handy kann man immer Hilfe herbeiholen, weil die gängigen Notrufnummern auch dann funktionieren, wenn kein normales Telefonnetz verfügbar ist.

Ein gut sortierter Erste-Hilfe-Kasten sollte in keinem Stall fehlen.

PRAXISTIPS

· Belegen Sie einen Erste-Hilfe-Kurs! Lehrgänge werden zum Beispiel vom ortsansässigen Roten Kreuz durchgeführt
· Informieren Sie sich mittels Kurse, Fachbücher oder Videos über Erste-Hilfe-Maßnahmen bei Pferden und üben Sie diese!
· Trainieren Sie das Mitführen eines Handpferdes, damit Sie im Notfall in der Lage sind, das Pferd eines verletzten Mitreiters sicher nach Hause zu bringen

WELCHE VERSICHERUNGEN SIND SINNVOLL?

Grundsätzlich unterscheidet man zwei Versicherungsarten: Die Haftpflicht- und die Vorsorgeversicherungen. Während Haftpflichtversicherungen ausschließlich für Schäden an fremden Personen, Tieren, Sachen und Vermögen aufkommen, dienen Vorsorgeversicherungen insbesondere zur Absicherung der eigenen Person oder des Privatpferdes.

Als Eigentümer oder Halter eines Pferdes (Privatpersonen, Reitvereine, Gestüte etc.) sollte man auf jeden Fall eine Tierhalterhaftpflichtversicherung abschließen, die eine Deckungssumme von mindestens drei Millionen bei Personenschäden aufweisen sollte. Da die Haftungsbedingungen der einzelnen Versicherungsanbieter sehr unterschiedlich sind, sollte vor Abschluß eines Versicherungsvertrags festgestellt werden, ob sogenannte Haftungsaus-

schlüsse bestehen, damit es im Schadensfall kein böses Erwachen gibt. Einige Versicherungsgesellschaften schließen zum Beispiel das Haftungsrisiko bei der Teilnahme an Turnieren, im Fall von Flurschäden und bei Gast- und Fremdreitern aus.

Als Reitschüler auf Pensionspferden ist man in der Regel durch die Tierhüterhaftpflichtversicherung des jeweiligen Reitvereins abgesichert (Prüfen!). Die Betriebshaftpflichtversicherung tritt nur bei Personenschäden auf dem Betriebsgelände ein, und die Reitlehrerhaftpflichtversicherung wird ausschließlich bei nachgewiesenen Fehlern einer anerkannten Lehrkraft wirksam.

Beim Reiten eines Privatpferdes als Besitzer oder als Reitbeteiligung muß man das Unfallrisiko für seine eigene Person selbst versichern. Hierzu ist die private Unfallversicherung geeignet, die umfassenden und weltweiten Versicherungsschutz bietet. Versicherungsansprüche werden nur bei Drogenmißbrauch, grober Fahrlässigkeit oder Vorsatz abgelehnt. Dagegen weisen die gesetzlichen Unfallversicherungen für Auszubildende und Angestellte sowie die Sport-Unfallversicherungen der Landessportbünde für Veranstaltungen von Reitvereinen nur einen unzureichenden Versicherungsschutz auf und sollten durch eine private Zusatzversicherung ergänzt werden.

Der Versicherungsschutz für Pferde tritt bei dauerhafter Unbrauchbarkeit, Tod oder Nottötung in Kraft. Solche Tierlebensversicherungen sind nicht nur teuer, sondern auch mit Vorsicht zu genießen! So sinkt beispielsweise der „Wert" des versicherten Pferdes mit zunehmendem Alter. Auch verliert der Pferdebesitzer den Anspruch auf

Bei Reitunfällen auf Schulpferden haftet gemeinhin die Versicherung des zuständigen Reitvereins.

die Versicherungssumme, wenn er sein Pferd im Notfall eigenmächtig und ohne Absprache mit dem Versicherungsgeber einschläfern läßt. In der Regel wird eine Notschlachtung von den Versicherungsgesellschaften verlangt, um den Schlachterlös einzustreichen.

Detailliertere Informationen über die verschiedenen Versicherungsarten können den Tabellen 3 und 4 entnommen werden.

PRAXISTIPS

· Lesen Sie vor dem Unterschreiben eines Versicherungsvertrages das „Kleingedruckte" aufmerksam durch!

· Seien Sie bei Billiganbietern skeptisch und überprüfen Sie die Deckungssummen sowie mögliche Haftungsausschlüsse

· Schließen Sie nur Verträge mit einer Laufzeit von 12 Monaten mit jährlicher Verlängerung bei Nichtkündigung (Kündigungsfristen beachten!) ab

TABELLE 3 - HAFTPFLICHTVERSICHERUNGEN UND DECKUNGSUMFANG

VERSICHERUNGS-ART	PERSONEN-SCHÄDEN	SACH- UND VER-MÖGENSSCHÄDEN	FLURSCHÄDEN	TIERSCHÄDEN	SONSTIGES ANMERKUNGEN
Tierhalter-haftpflicht-versicherung*1	Versichert Schäden, die Reiter (Gast- bzw. Fremdreiter nur z.T.) an Fremdpersonen (Spaziergänger, Autofahrer) verursachen	Ja	Ja	Ja, nur Schäden an fremden Tieren	Auflagen bez. Risikoein- und -ausschluß beachten! Mindestens 3 Mio. Deckungssumme. Grundlage des Versicherungsumfangs der einzelnen Gesellschaften sind die AHB (Allg. Haftungsbedingungen), die sehr unterschiedlich bez. Turnierrisiko, Gastreiterrisiko, Flurschäden, Weidezaunbedingungen, Kutschfahrten, Auslandsschutz und Angehörigenklauseln sind.
Tierhüterhaftpflicht-versicherung*2	Reitschüler auf Pensionspferden, Gäste etc. nur dann, wenn „die im Verkehr erforderliche Sorgfalt" nicht beachtet wird.	Ja	Nein	Schäden an eingestellten Pferden (Pensionspferde) meist nur bei besonderen Vereinbarungen mit der Versicherungsgesellschaft	Gesetzliche Regelung im BGB § 834
Betriebs-haftpflicht-versicherung	Reiter und Gäste auf dem Betriebsgelände	Ja	Ja, Flurschäden durch Weidetiere	Halten und Hüten von Nutz- und Zuchttieren; Erweiterung: Pensionspferde, Kutschpferde, Pferdeverleih, Planwagen, Hengsthaltung (Deckstation)	Eingeschlossen sind: Privathaftpflicht (des Betriebes), Verletzung der „Verkehrssicherungspflicht" (Bodenglätte, Schlaglöcher, Nägel) auf dem Betriebsgelände. Erweiterung: Fremdreiter
Reitlehrer-haftpflicht-versicherung	Bei Fehlern: z.B. ungeübter Reiter auf unberechenbarem Pferd	Nein			Als Angestellter (Verein) beim Landessportbund versichert. Privat, anerkannt: Abdeckung durch die Betriebshaftpflicht. Privat, nicht anerkannte Nebentätigkeit: privater Abschluß einer Reitlehrer-Haftpflichtversicherung notwendig
Gebäude-versicherungen	Für landwirtschaftliche Betriebe, Gestüte und Vereine; Sie decken Sachschäden infolge Feuer, Einbruch, Diebstahl und Sturm ab.				Achtung: Bei Schäden infolge Einbruch und Diebstahl gilt Nachweisbarkeit (verschlossene Räume/Spinde etc.)
VFD/LAG/IPZV und Zuchtverbände	Abdeckung des Wege-, Unfall- und Haftungsrisikos bei internen Veranstaltungen und Pferdezuchtschauen durch private Versicherungsanbieter. Bei IPZV, LAG und VFD gelten Rahmenverträge				*

*1 Tierhalter ist Eigentümer eines Pferdes
*2 Tierhüter ist, der gemäß Vertrag die Aufsicht über das (die) Pferd(e) übernimmt (Pensionsstallbetreiber, Verein etc.)

TABELLE 4 - VORSORGEVERSICHERUNGEN UND DECKUNGSUMFANG

TABELLE 4 - UNFALL- UND VORSORGEVERSICHERUNGEN MIT DECKUNGSUMFANG

VERSICHERUNGSART	PERSONENSCHÄDEN, SACH-, VERMÖGENS- UND TIERSCHÄDEN
Private Unfallversicherung	Weltweiter, dauerhafter Versicherungsschutz des Reiters Bei Berufsunfähigkeit und Tod: Rente bzw. Hinterbliebenenrente; bei Kindern unbedingt empfehlenswert bzw. notwendig. **Leistungen.** Todesfall, Invalidität, Unfall-/Krankenhaustagegeld (bei Verdienstausfall), Genesungsgeld, kosmetische Operationen, Kurbeihilfe, Heilkosten, Übergangsleistungen (Arbeitsunfähigkeit), Bergungskosten. **Achtung:** Ausschluß vom Versicherungsanspruch bei Geistes- und Bewußtseinsstörungen (Alkohol, Drogen, Tabletten), bei Vorsatz und grober Fahrlässigkeit
Sport-Unfallversicherung (Landessportbünde)	Reiter und Vereinsmitglieder bei Teilnahme an Veranstaltungen (Training, Wettbewerb, Versammlungen, Lehrgänge etc.) **Schutz:** nur Beihilfe, Überbrückung finanzieller Notlagen, Deckungssummen gering, kein Ersatz privater Versicherungen. **Umfang:** Todesfall-Leistungen, Invalidität, Übergangsleistung, Tagegeld, Bergungskosten, Wegerisiko. **Achtung:** Unterschiedlicher Leistungskatalog der einzelnen Bundesländer
Gesetzliche Unfallversicherungen und Berufsgenossenschaften (BG)	Versicherungsnehmer und seine Familie, Personal im Ausbildungs- und Dienstverhältnis Deckt Arbeits- und Wegeunfälle sowie Berufskrankheiten von Angestellten bei Gestüten, Pferdezuchtbetrieben (auch Hobbybetriebe), Reit- und Fahrvereinen ab. **Achtung:** Der Schutz bietet nur geringe Leistungen und sollte durch eine zusätzliche Unfallversicherung ergänzt werden.
Tierversicherungen	Versicherungsschutz bei dauernder Unbrauchbarkeit von Reit- und Zuchtpferden, bei Tod und Nottötung. **Achtung:** Vor Vertragsabschluß sollte das „Kleingedruckte" aufmerksam durchgelesen werden. Bei Geltendmachung von Ansprüchen z.B. bei Unbrauchbarkeit kann der Versicherungsgeber eine Schlachtung des betr. Pferdes verlangen (Einziehung des Schlachterlöses).
Temporäre Versicherungen (kurzfristig)	Einige Tierversicherer bieten Temporärversicherungen an: Bei Operation, Kastration, Transporten (Land, Luft, See), Pferdeschauen, Ausstellungen, Auktionen, Körungen, Hengstleistungsprüfungen und bei Weideaufenthalt. Für private Veranstalter (kleinere Turniere, Distanzritte, Wanderritte etc.) meist sehr kostenaufwendig.
Einstellvertrag	Prüfen des Einstellvertrages hinsichtlich seines Versicherungsschutzes: Ist man bei Abschluß eines Einstellvertrages bei einem Pensionsstallbetreiber z.B. gegen Feuer und Diebstahl geschützt?

ADRESSEN

VEREINIGUNGEN UND VERBÄNDE

Deutsche Reiterliche Vereinigung e.V.
Freiherr-von-Langen-Str. 13
D-48231 Warendorf
Telefon 02581/63620

Deutsche Wanderreiter
Akademie (DWA)
Fischerhof
D-56410 Reckenthal/Montabaur
Telefon 02602/18507

Erste Westernreiter
Union Deutschland e.V.
Wallenbrücker Str. 24
D-49328 Melle
Telefon 05226/17606

Erster Trekking Club Deutschland e.V.
Bergmühle 12
D-84104 Rudelzhausen
Telefon 08754/485

Internationale Gangpferde-
Vereinigung
Peter-Staffel-Straße 13
D-53604 Bad Honnef
Telefon 02224/89637

Reitzentrum Reken
Frankenstraße 37
D-48734 Reken
Telefon 02864/2434

Verein Deutscher Distanzreiter
und -fahrer e.V.
Habichtstr. 77
D-45527 Hattingen
Telefon 02324/23841

Vereinigung der Freizeitreiter
in Deutschland e.V.
Am Bauernwald 5 b
D-81739 München
Telefon 089/6011614

GESELLSCHAFTEN UND ARBEITSGRUPPEN

Arbeitsgruppe „Pferdesport
und Fitneß"
Institut für angewandte
Sportwissenschaften
Dr. C. Heipertz-Hengst
Mozartstr. 18
D-65779 Kelkheim

Gesellschaft der Huf- und
Klauenpflege e.V.
Frauenbründlstr. 14
D-85625 Glonn
Telefon 08093/5028

HUFSCHUTZ

Easyboot Deutschland
Gray's Hufschuhe
Hussweiler Str. 10
D-55767 Wilsenberg-Hussweiler
Telefon 06787/93280

Swiss Horse Boot Deutschland
Manfred Duchscherer
Postfach 2266
D-65012 Wiesbaden
Telefon 0611/400818

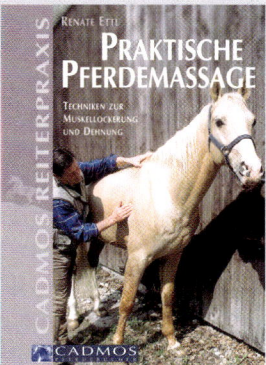